HERSTELLUNG UND VERLAG:
BOD – BOOKS ON DEMAND, NORDERSTEDT
ISBN: 9783751981149

Achtsamkeit in 5 Minuten

Das bin ich.

AF221913

FALLS SIE DIESES BUCH GEFUNDEN HABEN,
DANN WENDEN SIE SICH BITTE AN FOLGENDE PERSON:

NAME, VORNAME: _____

GEBURTSTAG: _____

STRASSE: _____

STADT & PLZ: _____

TELEFON: _____

EMAIL: _____

Foto

Und los gehts...

VIELEN DANK FÜR DEIN VERTRAUEN! VIELEN DANK, DASS DU DICH UNTER DEN VIELEN TAGEBÜ-CHERN UND PLANERN FÜR UNSERES ENTSCHIEDEN HAST. WIR HABEN MIT DIESEM BUCH DAS ZIEL VERFOLGT DIE PERFEKTE BALANCE ZWISCHEN SELBSTREFLEXION, PERSÖNLICHER WEITERENT-WICKLUNG UND ORGANISATION ZU FINDEN. WIR NUTZEN DIESES TAGEBUCH SELBER TÄGLICH UND HABEN IN DEN LETZTEN JAHREN DIE FRAGEN & PUNKTE IMMER WIEDER VERBESSERT UND AUF DAS WICHTIGSTE HERUNTERGEBROCHEN.

FÜR EINEN TAG WIRST DU IMMER EINE DOPPELSEITE VORFINDEN. AUF DER LINKEN SEITE GEHT ES DARUM IN KURZER ZEIT POSITIVE IMPULSE ZU SAMMELN UND POSITIVE GEDANKEN ZU ERSCHAF-FEN. POSITIVE GEDANKEN ERZEUGEN WIR VOR ALLEM DURCH DANKBARKEIT UND AFFIRMATIONEN.

DA GIBT ES NATÜRLICH NOCH VIELE ANDERE WEGE, ABER ES IST JA NUN MAL AUCH EIN 5 MINUTEN TAGEBUCH. AUF DER LINKEN SEITE KANNST DU AUSSERDEM EINE ART „ZIELSETZUNG / WUNSCH-VORSTELLUNG" FÜR DEN TAG AUFSCHREIBEN. ÜBERLEGE DIR EINFACH, WAS DEN HEUTIGEN TAG BESONDERS & EINZIGARTIG MACHEN WÜRDE. VERSUCHE AUF DIESES ZIEL / AUF DIESEN WUNSCHTAG HINZUARBEITEN. AUS DIESEM GRUND EMPFEHLEN WIR DIR AUCH, DAS TAGEBUCH IMMER AM MORGEN NACH DEM AUFSTEHEN ODER NACH EINER MORGENROUTINE ODER ALS TEIL DIESER, AUSZUFÜLLEN!

AUF DER RECHTEN SEITE KANNST DU ZUNÄCHST PRIORITÄTEN FÜR DEN TAG SETZEN. BITTE VER-WECHSLE DIES NICHT MIT EINEM TERMINPLANER. EIN TERMINPLANER WÜRDE IN EIN 5 MINUTEN-TAGEBUCH ZU VIEL DES GUTEN SEIN. NEIN - HIER GEHT ES DARUM DEN FOKUS RICHTIG ZU SETZEN. SCHREIBE DIR ZUERST DIE ALLERWICHTIGSTE AUFGABE DES TAGES AUF. WIR EMPFEHLEN DIR AUCH - WENN ES DENN MÖGLICH IST - DIESE AUFGABE ALS ERSTES ZU ERLEDIGEN. GANZ GEMÄSS DEM MOTTO „EAT THE FROG". DU WIRST MERKEN, DASS DU NACH DIESER WICHTIGEN ODER VIEL-LEICHT AUCH UNANGENEHMEN AUFGABE, DEN TAG VIEL LOCKERER UND ENTSPANNTER ANGEHEN KANNST!

DANACH HAST DU NOCH DIE MÖGLICHKEIT 4 WEITERE AUFGABEN FESTZUHALTEN, DIE EBENFALLS WICHTIG SIND. AUCH HIER GILT ES WIEDER VON ALLEN AUFGABEN DIE 4 WICHTIGSTEN AUFGABEN AUSFINDIG ZU MACHEN UND DEN FOKUS RICHTIG ZU SETZEN.

ALS NÄCHSTES HAST DU NOCH EIN PAAR ZEILEN UM NOTIZEN FESTZUHALTEN. HALTE HIER VIELLEICHT AUCH GEDANKEN ODER IMPULSE FEST, WELCHE DIR ZWISCHENDURCH IN DEN SINN KOMMEN. LAUT EINER FORSCHUNG HAT DER MENSCH BIS ZU 60.000 GEDANKEN AN EINEM EINZIGEN TAG. UNGLAUBLICH, NICHT WAHR? HIER WIRD SICHERLICH HIN UND WIEDER EIN WERTVOLLER GEDANKE ODER EINE IDEE DABEI SEIN, WELCHE ES WERT IST, AUF DEM PAPIER FESTZUHALTEN!

ZU GUTER LETZT KOMMEN EIN PAAR ABSCHLIESSENDE GEDANKEN & NOTIZEN - RÜCKBLICKEND AUF DEN TAG. FÜLLE DIESE ZEILEN AUS, BEVOR DU ZU BETT GEHST ODER BAUE DAS AUSFÜLLEN DIESER IN DEINE ABENDROUTINE EIN. ES DAUERT LEDIGLICH EIN PAAR SEKUNDEN.

KONZENTRIERE DICH AUF EINE SACHE, WELCHE DIR AN DIESEM TAG SEHR POSITIV IM GEDÄCHTNIS GEBLIEBEN IST. VERSUCHE DIESE SACHE WERT ZU SCHÄTZEN UND ZEIGE AUCH HIER WIEDER DANKBARKEIT.

KONZENTRIERE DICH AUCH AUF EINE SACHE, WELCHE DU VIELLEICHT AM FOLGETAG NOCH BESSER MACHEN KANN. VERSUCHE DICH JEDEN TAG EIN KLEINES STÜCK ZU BESSERN. IM GROSSEN UND GANZEN WIRST DU AM ENDE DADURCH RIESIGE FORTSCHRITTE MACHEN!

AUF DEN FOLGESEITEN WIRST DU NOCH ZUSÄTZLICH DIE MÖGLICHKEIT HABEN, EINE MORGEN- UND ABENDROUTINE FESTZUHALTEN. SOLLTEST DU AN SOLCH EINER KEINE INTERESSE HABEN, DANN ÜBERSPRING DIESE SEITEN EINFACH.

AUSSERDEM WIRST NOCH EIN INHALTSVERZEICHNIS VORFINDEN. NUN FRAGST DU DICH VIELLEICHT: EIN TAGEBUCH? WOZU BENÖTIGE ICH HIERFÜR EIN INHALTSVERZEICHNIS? NUN - DAS BUCH IST FÜR ÜBER 100 TAGE AUSGELEGT. DAS IST EINE LANGE ZEIT. VIELLEICHT HÄLTST DU HIN UND WIEDER WICHTIGE IMPULSE UND GEDANKEN FEST ODER HAST AN BESTIMMTEN TAGEN EIN BESONDERES ERLEBNIS GEHABT, WELCHES SICH VON ANDEREN ABHEBT.

ES LOHNT SICH DAHER IMMER WIEDER MAL IN ALTEN TAGEBUCH EINTRÄGEN HERUMZUBLÄTTERN. EIN INHALTSVERZEICHNIS IST OPTIMAL UM DIE ÜBERSICHT ZU BEHALTEN!

Tagebuchverzeichnis

TRAGE IN DIESEM VERZEICHNIS EINFACH NUR DIE SEITEN EIN, DIE FÜR DICH EINE BESONDERE BEDEUTUNG HABEN.
DU MUSST NICHT SEITE FÜR SEITE DOKUMENTIEREN ODER IRGENDEINE REIHENFOLGE EINHALTEN.
SCHREIBE EINFACH DIE SEITEN AUF, IN WELCHEN DU SPÄTER VIELLEICHT NOCH MAL AUS
EINEM BESONDEREN GRUND WAHRSCHEINLICH GERNE BLÄTTERN WÜRDEST...

Grund für Eintragung (z.B. Ereignis, Dankbarkeitsgrund usw.)	Seite

Meine Morgenroutine

„Deine Morgenroutine bestimmt wie dein Tag verlaufen wird."

Hast du bereits eine Morgenroutine? Nein? Dann wird's jetzt aber höchste Zeit! Natürlich ist solch eine Routine für einen erfolgreichen Tag kein Muss, doch lass uns dir kurz erklären, welcher Vorteil sich dahinter verbirgt:

Angenommen: Stell dir vor du bist mal wieder mit „dem falschen Bein zuerst aufgestanden".

Du fühlst dich nicht ausgeschlafen, stößt dir wahrscheinlich auch noch den Zeh und ein Missgeschick jagt das andere. Du startest den Tag quasi mit einer **Negativ-Spirale.**

Wenn du deinen Tag so beginnst ist es sehr wahrscheinlich, dass dein Tag auch so weitergehen wird.

Eine **Morgenroutine** kann dem entgegenwirken. Denn nach solch einer Routine fühlt man sich bereits am frühen Morgen so, als hätte man ein Erfolgserlebnis gehabt. Man fühlt sich dadurch viel positiver und hat viel mehr Lust in den Tag zu starten.

Kleine Missgeschicke wirken nun auf einmal gar nicht mehr so schlimm und man lässt nicht mehr so leicht aus der Ruhe bringen. Außerdem kann solch eine Morgenroutine nicht nur dabei helfen besser in den Tag zu starten - man kann auch Tag für Tag an seiner persönlichen Weiterentwicklung arbeiten.

Wenn es z.B. ein Teil deiner Morgenroutine ist, 10 Minuten in einem Buch zu lesen, dann hast du nach einem Jahr allein durch diese Routine wahrscheinlich 10 bis 15 Bücher gelesen. Ein Beispiel für eine Morgenroutine möchte ich dir im Folgenden geben. Diese haben wir aus dem Buch „Miracle Morning" adaptiert, was wir übrigens wärmstens empfehlen können, wenn du auch für dich eine perfekte Morgenroutine finden möchtest!

So kann deine Routine aussehn..

Schritt 1 - „Aufwachen"

Aufstehen, Zähne putzen, Gesicht waschen, 1 großes Glas Wasser trinken und gemütliche Klamotten / Sportklamotten anziehen.

Schritt 2 - „Genieße die Ruhe"

Einfach mal nichts tun. Starte deine Morgenroutine mit einer kleinen Meditation und schieb erst einmal alles andere nach hinten. Versuche einfach mal etwas abzuschalten und dich auf den Moment zu fokussieren!

Schritt 3 - Nimm dir Zeit für dich

Baue etwas in deine Routine ein, dass dir Spaß bereitet oder eine Tätigkeit, in welcher du dich verbessern möchtest.
Sei es ein Instrument zu spielen, etwas zu lesen oder einem sonstigem Hobby nachzugehen.

Schritt 4 - Schreibe Tagebuch / Setze Prioritäten

Nimm ein Tagebuch zu Hand - im Besten Fall natürlich das 5 Minuten Tagebuch ;) - und schreibe ein wenig. Starte den Tag mit positiven Gedanken, welche du niederschreibst und bekräftige dein positives Gefühl durch Affirmationen oder Dankbarkeit. Schreibe ggf. auch dein 1 bis 2 wichtigsten Aufgaben für den Tag auf.

Schritt 5 - Fahre deinen Stoffwechsel Hoch

Was wir bei jeder Morgenroutine empfehlen: Baue etwas sportliche / körperliche Betätigung mit ein. Sei es Yoga, Training mit dem eigenen Körpergewicht oder das Laufen um den Block. Durch die Betätigung kommt dein Stoffwechsel in Gang und die Müdigkeit verfliegt endgültig. Anschließend kannst du duschen und positiv in den Tag starten!

Und jetzt du!

Solltest du noch keine Morgenroutine haben, jedoch gerne solch eine in deinen Tag einbauen, dann schreib auf dieser Seite deine Routine auf!

Schritt 1:

....

Schritt 2:

....

Schritt 3:

....

Schritt 4:

....

Schritt 5:

....

Abendroutine

Nicht ganz so wichtig wie die Morgenroutine aber auch super nützlich ist die Abendroutine. Diese eignet sich hervorragend um den Abend ausklingen zu lassen. Eine Abendroutine kann z.B. so aussehen:

- Tagebuch schreiben: Den Tag resümieren
- Seinen Hobbys nachgehen
- Etwas Lesen
- Haushalt Aufgaben abarbeiten wie z.B. Müll rausbringen usw.

Das gute an Morgen- und Abendroutinen: am Anfang mögen sie vielleicht etwas ungewohnt sein und vielleicht muss man sich auch dazu überwinden, sich die Zeit zu nehmen. Doch wenn man es erst einmal einen Monat durchzieht, dann wird es zur Gewohnheit.

Die Routinen sind „normal" und du denkst gar nicht mehr viel darüber nach, sondern macht sie einfach. Gerade bei Tätigkeiten, die einen nicht immer so sehr erfreuen wie die Haushalt Aufgaben oder der sportlichen Betätigung am frühen Morgen, ist es sehr hilfreich sich solch eine Gewohnheit zu manifestieren! Schreibe im Folgenden deine Abendroutine nieder:

_____

_____

_____

_____

_____

_____

_____

Übrigens: Solltest du nicht so viel Zeit für eine ausführliche Morgenroutine haben, dann versuch es doch mit einer Short-Version. Diese wird ebenfalls in dem Buch „Miracle Morning" empfohlen. So kannst du z.B. anstelle von 10 Minuten bei jeder Tätigkeit nur 1 Minute einplanen. So kannst du deine Morgenroutine Ruckzuck in 5 bis 7 Minuten durchziehen.

> *„Gib jedem Tag die Chance,*
> *der schönste deines Lebens zu werden.“*
> Mark Twain

Zielsetzung: WAS KANN DEN TAG HEUTE BESONDERS & GROSSARTIG MACHEN?

_____
_____
_____
_____
_____
_____

Selbstbekräftigung & Affirmationen: ICH BIN...

_____
_____
_____
_____
_____

Dankbarkeit und Wertschätzung: ICH BIN DANKBAR FÜR...

_____
_____
_____
_____
_____
_____

Fokus.

DIE WICHTIGSTE AUFGABE FÜR HEUTE IST...   DAUER: _____   AUFGABE ERLEDIGT:

Zusätzliche 4 Tätigkeiten: WEITERE WICHTIGE AUFGABEN FÜR HEUTE...

_____ _____

_____ _____

_____ _____

_____ _____

DAUER

Resümee
EINE TOLLE SACHE, DIE MIR HEUTE PASSIERT IST, FÜR DIE ICH DANKBAR BIN...

_____

_____

Learnings
WAS KANN ICH MORGEN ANDERS MACHEN, UM EIN STÜCK BESSER ZU WERDEN...

_____

_____

DER TAG WAR HEUTE: ☺ ☹ | PRODUKTIVITÄT: _____ VON 5 | WASSERZUFUHR:

Notizen:

_____

_____

_____

_____

_____

_____

_____

_____

_____

_____

> *„Sei du selbst die Veränderung, die du dir*
> *wünschst für diese Welt."*
>
> Mahatma Gandhi

Zielsetzung: WAS KANN DEN TAG HEUTE BESONDERS & GROSSARTIG MACHEN?

_____
_____
_____
_____
_____
_____

Selbstbekräftigung & Affirmationen: ICH BIN...

_____
_____
_____
_____
_____
_____

Dankbarkeit und Wertschätzung: ICH BIN DANKBAR FÜR...

_____
_____
_____
_____
_____
_____

! *Fokus*.

DIE WICHTIGSTE AUFGABE FÜR HEUTE IST...   DAUER: _____   AUFGABE ERLEDIGT:

Zusätzliche 4 Tätigkeiten. WEITERE WICHTIGE AUFGABEN FÜR HEUTE...

_____ _____

_____ _____

_____ _____

_____ _____

                                                              DAUER

Resümee
EINE TOLLE SACHE, DIE MIR HEUTE PASSIERT IST, FÜR DIE ICH DANKBAR BIN...

_____

_____

Learnings
WAS KANN ICH MORGEN ANDERS MACHEN, UM EIN STÜCK BESSER ZU WERDEN...

_____

_____

DER TAG WAR HEUTE: ☺ ☹ | PRODUKTIVITÄT: ____ VON 5 | WASSERZUFUHR:

Notizen: 🖉

_____

_____

_____

_____

_____

_____

_____

_____

_____

> *„Es gibt nur einen Erfolg –*
> *das Leben nach seinen eigenen Vorstellungen leben zu können. "*
> Christopher Morley

Zielsetzung: WAS KANN DEN TAG HEUTE BESONDERS & GROSSARTIG MACHEN?

_____
_____
_____
_____
_____
_____

Selbstbekräftigung & Affirmationen: ICH BIN...

_____
_____
_____
_____
_____
_____

Dankbarkeit und Wertschätzung: ICH BIN DANKBAR FÜR...

_____
_____
_____
_____
_____
_____
_____

! *Fokus*:

DIE WICHTIGSTE AUFGABE FÜR HEUTE IST...   DAUER: _____   AUFGABE ERLEDIGT:

Zusätzliche 4 Tätigkeiten: WEITERE WICHTIGE AUFGABEN FÜR HEUTE...

_____ _____

_____ _____

_____ _____

_____ _____

DAUER

Resümee
EINE TOLLE SACHE, DIE MIR HEUTE PASSIERT IST, FÜR DIE ICH DANKBAR BIN...

_____

_____

Learnings
WAS KANN ICH MORGEN ANDERS MACHEN, UM EIN STÜCK BESSER ZU WERDEN...

_____

_____

DER TAG WAR HEUTE: 😊 😐 | PRODUKTIVITÄT: ____ VON 5 | WASSERZUFUHR:

Notizen: 🖊️

_____

_____

_____

_____

_____

_____

_____

_____

_____

> *„Ideen sind der Anfang aller Vermögen"*
>
> Napoleon Hill

Zielsetzung: WAS KANN DEN TAG HEUTE BESONDERS & GROSSARTIG MACHEN?

_____
_____
_____
_____
_____
_____
_____

Selbstbekräftigung & Affirmationen: ICH BIN...

_____
_____
_____
_____
_____
_____

Dankbarkeit und Wertschätzung: ICH BIN DANKBAR FÜR...

_____
_____
_____
_____
_____
_____
_____

? *Fokus*.

DIE WICHTIGSTE AUFGABE FÜR HEUTE IST...   DAUER: _____   AUFGABE ERLEDIGT:

Zusätzliche 4 Tätigkeiten: WEITERE WICHTIGE AUFGABEN FÜR HEUTE...

_____ _____

_____ _____

_____ _____

_____ _____

DAUER

Resümee
EINE TOLLE SACHE, DIE MIR HEUTE PASSIERT IST, FÜR DIE ICH DANKBAR BIN...

_____

_____

Learnings
WAS KANN ICH MORGEN ANDERS MACHEN, UM EIN STÜCK BESSER ZU WERDEN...

_____

_____

DER TAG WAR HEUTE: ☺ ☹ | PRODUKTIVITÄT: ____ VON 5 | WASSERZUFUHR:

Notizen: ✏

_____

_____

_____

_____

_____

_____

_____

_____

_____

_____

> „Suche nicht nach Fehlern, suche nach Lösungen."
>
> Henry Ford

Zielsetzung: WAS KANN DEN TAG HEUTE BESONDERS & GROSSARTIG MACHEN?

_____
_____
_____
_____
_____
_____

Selbstbekräftigung & Affirmationen: ICH BIN...

_____
_____
_____
_____
_____
_____

Dankbarkeit und Wertschätzung: ICH BIN DANKBAR FÜR...

_____
_____
_____
_____
_____
_____
_____

! *Fokus*.

DIE WICHTIGSTE AUFGABE FÜR HEUTE IST...   DAUER: _____   AUFGABE ERLEDIGT:

Zusätzliche 4 Tätigkeiten: WEITERE WICHTIGE AUFGABEN FÜR HEUTE...

_____ _____

_____ _____

_____ _____

_____
DAUER

Resümee
EINE TOLLE SACHE, DIE MIR HEUTE PASSIERT IST, FÜR DIE ICH DANKBAR BIN...

_____

_____

Learnings
WAS KANN ICH MORGEN ANDERS MACHEN, UM EIN STÜCK BESSER ZU WERDEN...

_____

_____

DER TAG WAR HEUTE: ☺ ☹ | PRODUKTIVITÄT: ____ VON 5 | WASSERZUFUHR:

Notizen: ✏️

_____

_____

_____

_____

_____

_____

_____

_____

MO DI MI DO FR SA SO
○   ○   ○   ○   ○   ○   ○   ____ / ____ / ____

> „Mitleid bekommt man geschenkt, Neid muss man sich verdienen."
>
> Robert Lembke

Zielsetzung: WAS KANN DEN TAG HEUTE BESONDERS & GROSSARTIG MACHEN?

_____
_____
_____
_____
_____
_____

Selbstbekräftigung & Affirmationen: ICH BIN...

_____
_____
_____
_____
_____
_____

Dankbarkeit und Wertschätzung: ICH BIN DANKBAR FÜR...

_____
_____
_____
_____
_____
_____
_____

⟩ Fokus:

DIE WICHTIGSTE AUFGABE FÜR HEUTE IST...   DAUER: _____   AUFGABE ERLEDIGT:

Zusätzliche 4 Tätigkeiten: WEITERE WICHTIGE AUFGABEN FÜR HEUTE...

_____   _____

_____   _____

_____   _____

_____   _____

DAUER

Resümee
EINE TOLLE SACHE, DIE MIR HEUTE PASSIERT IST, FÜR DIE ICH DANKBAR BIN...

_____

_____

Learnings
WAS KANN ICH MORGEN ANDERS MACHEN, UM EIN STÜCK BESSER ZU WERDEN...

_____

_____

DER TAG WAR HEUTE: ☺ ☹ | PRODUKTIVITÄT: ____ VON 5 | WASSERZUFUHR:

Notizen: ✏️

_____

_____

_____

_____

_____

_____

_____

_____

_____

_____

> *„Wenn man alles berechnet, gelingt nichts."*
>
> Romano Prodi

Zielsetzung: WAS KANN DEN TAG HEUTE BESONDERS & GROSSARTIG MACHEN?

_____
_____
_____
_____
_____
_____

Selbstbekräftigung & Affirmationen: ICH BIN...

_____
_____
_____
_____
_____

Dankbarkeit und Wertschätzung: ICH BIN DANKBAR FÜR...

_____
_____
_____
_____
_____
_____

! *Fokus*

DIE WICHTIGSTE AUFGABE FÜR HEUTE IST...   DAUER: _____   AUFGABE ERLEDIGT:

Zusätzliche 4 Tätigkeiten: WEITERE WICHTIGE AUFGABEN FÜR HEUTE...

_____   _____

_____   _____

_____   _____

_____   _____

DAUER

Resümee
EINE TOLLE SACHE, DIE MIR HEUTE PASSIERT IST, FÜR DIE ICH DANKBAR BIN...

_____

_____

Learnings
WAS KANN ICH MORGEN ANDERS MACHEN, UM EIN STÜCK BESSER ZU WERDEN...

_____

_____

DER TAG WAR HEUTE: ☺ ☹ | PRODUKTIVITÄT: ____ VON 5 | WASSERZUFUHR:

Notizen: 🖉

_____

_____

_____

_____

_____

_____

_____

_____

_____

_____

> „Dem Geist sind keine Grenzen gesetzt außer denen,
> die wir als solche anerkennen."
>
> Napoleon Hill

Zielsetzung: WAS KANN DEN TAG HEUTE BESONDERS & GROSSARTIG MACHEN?

_____
_____
_____
_____
_____
_____

Selbstbekräftigung & Affirmationen: ICH BIN...

_____
_____
_____
_____
_____
_____

Dankbarkeit und Wertschätzung: ICH BIN DANKBAR FÜR...

_____
_____
_____
_____
_____
_____

! *Fokus*.

DIE WICHTIGSTE AUFGABE FÜR HEUTE IST...   DAUER: _____   AUFGABE ERLEDIGT:

Zusätzliche 4 Tätigkeiten: WEITERE WICHTIGE AUFGABEN FÜR HEUTE...

_____   _____

_____   _____

_____   _____

_____   _____

DAUER

Resümee
EINE TOLLE SACHE, DIE MIR HEUTE PASSIERT IST, FÜR DIE ICH DANKBAR BIN...

_____

_____

Learnings
WAS KANN ICH MORGEN ANDERS MACHEN, UM EIN STÜCK BESSER ZU WERDEN...

_____

_____

DER TAG WAR HEUTE: ☺ ☹ | PRODUKTIVITÄT: ____ VON 5 | WASSERZUFUHR:

Notizen: ✎

_____

_____

_____

_____

_____

_____

_____

_____

_____

MO   DI   MI   DO   FR   SA   SO
○   ○   ○   ○   ○   ○   ○   ____ / _____ / ___

> „Es scheint da einen gewissen perversen menschlichen
> Charakterzug zu geben, der gerne einfache Dinge kompliziert macht. "
>
> Warren Buffett

Zielsetzung: WAS KANN DEN TAG HEUTE BESONDERS & GROSSARTIG MACHEN?

_____
_____
_____
_____
_____
_____

Selbstbekräftigung & Affirmationen: ICH BIN...

_____
_____
_____
_____
_____

Dankbarkeit und Wertschätzung: ICH BIN DANKBAR FÜR...

_____
_____
_____
_____
_____
_____

! *Fokus*.

DIE WICHTIGSTE AUFGABE FÜR HEUTE IST...   DAUER: _____   AUFGABE ERLEDIGT:

Zusätzliche 4 Tätigkeiten. WEITERE WICHTIGE AUFGABEN FÜR HEUTE...

_____ _____

_____ _____

_____ _____

_____ _____

DAUER

Resümee
EINE TOLLE SACHE, DIE MIR HEUTE PASSIERT IST, FÜR DIE ICH DANKBAR BIN...

_____

_____

Learnings
WAS KANN ICH MORGEN ANDERS MACHEN, UM EIN STÜCK BESSER ZU WERDEN...

_____

_____

DER TAG WAR HEUTE: ☺ ☹ | PRODUKTIVITÄT: ____ VON 5 | WASSERZUFUHR:

Notizen: ✎

_____

_____

_____

_____

_____

_____

_____

_____

_____

> *„Ist dein Verlangen gross genug, wird man glauben,*
> *du hast übermenschliche Kräfte. "*
>
> Napoleon Hill

Zielsetzung: WAS KANN DEN TAG HEUTE BESONDERS & GROSSARTIG MACHEN?

_____

_____

_____

_____

_____

_____

Selbstbekräftigung & Affirmationen: ICH BIN...

_____

_____

_____

_____

_____

Dankbarkeit und Wertschätzung: ICH BIN DANKBAR FÜR...

_____

_____

_____

_____

_____

_____

Fokus

DIE WICHTIGSTE AUFGABE FÜR HEUTE IST...   DAUER: _____   AUFGABE ERLEDIGT:

Zusätzliche 4 Tätigkeiten: WEITERE WICHTIGE AUFGABEN FÜR HEUTE...

_____   _____

_____   _____

_____   _____

_____   _____

DAUER

Resümee
EINE TOLLE SACHE, DIE MIR HEUTE PASSIERT IST, FÜR DIE ICH DANKBAR BIN...

_____

_____

Learnings
WAS KANN ICH MORGEN ANDERS MACHEN, UM EIN STÜCK BESSER ZU WERDEN...

_____

_____

DER TAG WAR HEUTE: ☺ ☹ | PRODUKTIVITÄT: ____ VON 5 | WASSERZUFUHR:

Notizen: ✎

_____

_____

_____

_____

_____

_____

_____

_____

_____

> „Wer die Freiheit aufgibt, um Sicherheit zu gewinnen,
> wird am Ende beides verlieren."
>
> Benjamin Franklin

Zielsetzung: WAS KANN DEN TAG HEUTE BESONDERS & GROSSARTIG MACHEN?

_____
_____
_____
_____
_____
_____

Selbstbekräftigung & Affirmationen: ICH BIN...

_____
_____
_____
_____
_____
_____

Dankbarkeit und Wertschätzung: ICH BIN DANKBAR FÜR...

_____
_____
_____
_____
_____
_____
_____

! *Fokus*.

DIE WICHTIGSTE AUFGABE FÜR HEUTE IST...   DAUER: _____   AUFGABE ERLEDIGT:

Zusätzliche 4 Tätigkeiten: WEITERE WICHTIGE AUFGABEN FÜR HEUTE...

_____   _____

_____   _____

_____   _____

_____   _____

DAUER

Resümee
EINE TOLLE SACHE, DIE MIR HEUTE PASSIERT IST, FÜR DIE ICH DANKBAR BIN...

_____

_____

Learnings
WAS KANN ICH MORGEN ANDERS MACHEN, UM EIN STÜCK BESSER ZU WERDEN...

_____

_____

DER TAG WAR HEUTE: ☺ ☻ | PRODUKTIVITÄT: ____ VON 5 | WASSERZUFUHR:

Notizen: ✏️

_____

_____

_____

_____

_____

_____

_____

_____

_____

_____

MO DI MI DO FR SA SO   ____ / _____ / ___
○   ○   ○   ○   ○   ○   ○

> *„Wer von seinem Tag nicht zwei Drittel für sich selbst hat, ist ein Sklave."*
>
> Friedrich Nietzsche

Zielsetzung: WAS KANN DEN TAG HEUTE BESONDERS & GROSSARTIG MACHEN?

_____
_____
_____
_____
_____
_____

Selbstbekräftigung & Affirmationen: ICH BIN...

_____
_____
_____
_____
_____

Dankbarkeit und Wertschätzung: ICH BIN DANKBAR FÜR...

_____
_____
_____
_____
_____
_____

! *Fokus*.

DIE WICHTIGSTE AUFGABE FÜR HEUTE IST...　　　DAUER: _____　　　AUFGABE ERLEDIGT:

Zusätzliche 4 Tätigkeiten. WEITERE WICHTIGE AUFGABEN FÜR HEUTE...

_____　_____

_____　_____

_____　_____

_____

DAUER

Resümee
EINE TOLLE SACHE, DIE MIR HEUTE PASSIERT IST, FÜR DIE ICH DANKBAR BIN...

_____

_____

Learnings
WAS KANN ICH MORGEN ANDERS MACHEN, UM EIN STÜCK BESSER ZU WERDEN...

_____

_____

DER TAG WAR HEUTE: ☺ ☹ | PRODUKTIVITÄT: ____ VON 5 | WASSERZUFUHR:

Notizen. ✏

_____

_____

_____

_____

_____

_____

_____

_____

_____

> *„Die Fähigkeit, das Wort „Nein" auszusprechen,*
> *ist der erste Schritt zur Freiheit. "*
> Nicolas Chamfort

Zielsetzung: WAS KANN DEN TAG HEUTE BESONDERS & GROSSARTIG MACHEN?

_____
_____
_____
_____
_____
_____

Selbstbekräftigung & Affirmationen: ICH BIN...

_____
_____
_____
_____
_____
_____

Dankbarkeit und Wertschätzung: ICH BIN DANKBAR FÜR...

_____
_____
_____
_____
_____
_____
_____

! *Fokus*.

DIE WICHTIGSTE AUFGABE FÜR HEUTE IST...   DAUER: _____   AUFGABE ERLEDIGT:

Zusätzliche 4 Tätigkeiten: WEITERE WICHTIGE AUFGABEN FÜR HEUTE...

_____ _____

_____ _____

_____ _____

_____

DAUER

Resümee
EINE TOLLE SACHE, DIE MIR HEUTE PASSIERT IST, FÜR DIE ICH DANKBAR BIN...

_____

_____

Learnings
WAS KANN ICH MORGEN ANDERS MACHEN, UM EIN STÜCK BESSER ZU WERDEN...

_____

_____

DER TAG WAR HEUTE: ☺ ☹ | PRODUKTIVITÄT: _____ VON 5 | WASSERZUFUHR:

Notizen: ✎

_____

_____

_____

_____

_____

_____

_____

_____

_____

_____

> *„Menschen mit einer neuen Idee gelten so lange als Spinner,*
> *bis sich die Sache durchgesetzt hat. "*
> Mark Twain

Zielsetzung: WAS KANN DEN TAG HEUTE BESONDERS & GROSSARTIG MACHEN?

_____
_____
_____
_____
_____
_____

Selbstbekräftigung & Affirmationen: ICH BIN...

_____
_____
_____
_____
_____
_____

Dankbarkeit und Wertschätzung: ICH BIN DANKBAR FÜR...

_____
_____
_____
_____
_____
_____

! *Fokus*.

DIE WICHTIGSTE AUFGABE FÜR HEUTE IST...   DAUER: _____   AUFGABE ERLEDIGT:

Zusätzliche 4 Tätigkeiten: WEITERE WICHTIGE AUFGABEN FÜR HEUTE...

_____ _____

_____ _____

_____ _____

_____ _____

DAUER

Resümee
EINE TOLLE SACHE, DIE MIR HEUTE PASSIERT IST, FÜR DIE ICH DANKBAR BIN...

_____

_____

Learnings
WAS KANN ICH MORGEN ANDERS MACHEN, UM EIN STÜCK BESSER ZU WERDEN...

_____

_____

DER TAG WAR HEUTE: ☺ ☹ | PRODUKTIVITÄT: ____ VON 5 | WASSERZUFUHR:

Notizen: 🖉

_____

_____

_____

_____

_____

_____

_____

_____

_____

> *„Zuerst ignorieren sie dich, dann lachen sie über dich,*
> *dann bekämpfen sie dich und dann gewinnst du. "*
>
> Mahatma Gandhi

Zielsetzung: WAS KANN DEN TAG HEUTE BESONDERS & GROSSARTIG MACHEN?

_____

_____

_____

_____

_____

_____

Selbstbekräftigung & Affirmationen: ICH BIN...

_____

_____

_____

_____

_____

_____

Dankbarkeit und Wertschätzung: ICH BIN DANKBAR FÜR...

_____

_____

_____

_____

_____

_____

_____

! *Fokus*.

DIE WICHTIGSTE AUFGABE FÜR HEUTE IST...   DAUER: _____   AUFGABE ERLEDIGT:

Zusätzliche 4 Tätigkeiten: WEITERE WICHTIGE AUFGABEN FÜR HEUTE...

_____   _____

_____   _____

_____   _____

_____   _____

DAUER

Resümee
EINE TOLLE SACHE, DIE MIR HEUTE PASSIERT IST, FÜR DIE ICH DANKBAR BIN...

_____

_____

Learnings
WAS KANN ICH MORGEN ANDERS MACHEN, UM EIN STÜCK BESSER ZU WERDEN...

_____

_____

DER TAG WAR HEUTE: ☺ ☹ | PRODUKTIVITÄT: ____ VON 5 | WASSERZUFUHR:

Notizen: ✏️

_____

_____

_____

_____

_____

_____

_____

_____

_____

> *„Ein Zyniker sagt: „Ein Mann kann nichts tun".*
> *Ich sage: „Nur ein Mann kann alles tun."*
>
> John W. Gardner

Zielsetzung: WAS KANN DEN TAG HEUTE BESONDERS & GROSSARTIG MACHEN?

_____
_____
_____
_____
_____
_____
_____

Selbstbekräftigung & Affirmationen: ICH BIN...

_____
_____
_____
_____
_____
_____
_____

Dankbarkeit und Wertschätzung: ICH BIN DANKBAR FÜR...

_____
_____
_____
_____
_____
_____
_____

! Fokus.

DIE WICHTIGSTE AUFGABE FÜR HEUTE IST...   DAUER: _____   AUFGABE ERLEDIGT:

Zusätzliche 4 Tätigkeiten. WEITERE WICHTIGE AUFGABEN FÜR HEUTE...

_____   _____

_____   _____

_____   _____

_____   _____
                                                                      DAUER

Resümee
EINE TOLLE SACHE, DIE MIR HEUTE PASSIERT IST, FÜR DIE ICH DANKBAR BIN...

_____

_____

Learnings
WAS KANN ICH MORGEN ANDERS MACHEN, UM EIN STÜCK BESSER ZU WERDEN...

_____

_____

DER TAG WAR HEUTE: ☺ ☹ | PRODUKTIVITÄT: ____ VON 5 | WASSERZUFUHR:

Notizen: ✏

_____

_____

_____

_____

_____

_____

_____

_____

_____

_____

> „Wenn dir jemand erzählt, deine Idee sei verrückt –
> höre nicht auf ihn."
>
> Michael Dell

Zielsetzung: WAS KANN DEN TAG HEUTE BESONDERS & GROSSARTIG MACHEN?

_____

_____

_____

_____

_____

_____

Selbstbekräftigung & Affirmationen: ICH BIN...

_____

_____

_____

_____

_____

_____

Dankbarkeit und Wertschätzung: ICH BIN DANKBAR FÜR...

_____

_____

_____

_____

_____

_____

_____

! *Fokus*

DIE WICHTIGSTE AUFGABE FÜR HEUTE IST...   DAUER: _____   AUFGABE ERLEDIGT:

Zusätzliche 4 Tätigkeiten: WEITERE WICHTIGE AUFGABEN FÜR HEUTE...

_____   ___

_____   ___

_____   ___

_____   ___

DAUER

Resümee
EINE TOLLE SACHE, DIE MIR HEUTE PASSIERT IST, FÜR DIE ICH DANKBAR BIN...

_____

_____

Learnings
WAS KANN ICH MORGEN ANDERS MACHEN, UM EIN STÜCK BESSER ZU WERDEN...

_____

_____

DER TAG WAR HEUTE: (ツ) (ツ) | PRODUKTIVITÄT: ____ VON 5 | WASSERZUFUHR:

Notizen: ✏️

_____

_____

_____

_____

_____

_____

_____

_____

_____

> „Mein ganzes Leben lang haben mir die Leute gesagt
> das ich es nicht schaffen werde. „
>
> Ted Turner

Zielsetzung: WAS KANN DEN TAG HEUTE BESONDERS & GROSSARTIG MACHEN?

_____

_____

_____

_____

_____

_____

Selbstbekräftigung & Affirmationen: ICH BIN...

_____

_____

_____

_____

_____

Dankbarkeit und Wertschätzung: ICH BIN DANKBAR FÜR...

_____

_____

_____

_____

_____

_____

! Fokus

DIE WICHTIGSTE AUFGABE FÜR HEUTE IST...   DAUER: _____   AUFGABE ERLEDIGT:

Zusätzliche 4 Tätigkeiten: WEITERE WICHTIGE AUFGABEN FÜR HEUTE...

_____   _____

_____   _____

_____   _____

_____   _____

DAUER

Resümee
EINE TOLLE SACHE, DIE MIR HEUTE PASSIERT IST, FÜR DIE ICH DANKBAR BIN...

_____

_____

Learnings
WAS KANN ICH MORGEN ANDERS MACHEN, UM EIN STÜCK BESSER ZU WERDEN...

_____

_____

DER TAG WAR HEUTE: ☺ ☹ | PRODUKTIVITÄT: ____ VON 5 | WASSERZUFUHR:

Notizen: ✎

_____

_____

_____

_____

_____

_____

_____

_____

_____

> *„Erfolg wird nur haben, wer sich unterscheidet."*
>
> Ted Turner

Zielsetzung. WAS KANN DEN TAG HEUTE BESONDERS & GROSSARTIG MACHEN?

_____
_____
_____
_____
_____
_____
_____

Selbstbekräftigung & Affirmationen. ICH BIN...

_____
_____
_____
_____
_____
_____

Dankbarkeit und Wertschätzung. ICH BIN DANKBAR FÜR...

_____
_____
_____
_____
_____
_____
_____

Fokus

DIE WICHTIGSTE AUFGABE FÜR HEUTE IST...   DAUER: _____   AUFGABE ERLEDIGT:

Zusätzliche 4 Tätigkeiten: WEITERE WICHTIGE AUFGABEN FÜR HEUTE...

_____ _____

_____ _____

_____ _____

_____ _____

DAUER

Resümee
EINE TOLLE SACHE, DIE MIR HEUTE PASSIERT IST, FÜR DIE ICH DANKBAR BIN...

_____

_____

Learnings
WAS KANN ICH MORGEN ANDERS MACHEN, UM EIN STÜCK BESSER ZU WERDEN...

_____

_____

DER TAG WAR HEUTE: ☺ ☹ | PRODUKTIVITÄT: ____ VON 5 | WASSERZUFUHR:

Notizen: 🖉

_____

_____

_____

_____

_____

_____

_____

_____

> „Man muss das Unmögliche versuchen,
> um das Mögliche zu erreichen.“
> Hermann Hesse

Zielsetzung: WAS KANN DEN TAG HEUTE BESONDERS & GROSSARTIG MACHEN?

_____
_____
_____
_____
_____
_____

Selbstbekräftigung & Affirmationen: ICH BIN...

_____
_____
_____
_____
_____
_____

Dankbarkeit und Wertschätzung: ICH BIN DANKBAR FÜR...

_____
_____
_____
_____
_____
_____
_____

Fokus

DIE WICHTIGSTE AUFGABE FÜR HEUTE IST...   DAUER: _____   AUFGABE ERLEDIGT:

Zusätzliche 4 Tätigkeiten: WEITERE WICHTIGE AUFGABEN FÜR HEUTE...

_____ _____

_____ _____

_____ _____

_____ _____

DAUER

Resümee
EINE TOLLE SACHE, DIE MIR HEUTE PASSIERT IST, FÜR DIE ICH DANKBAR BIN...

_____

_____

Learnings
WAS KANN ICH MORGEN ANDERS MACHEN, UM EIN STÜCK BESSER ZU WERDEN...

_____

_____

DER TAG WAR HEUTE: ☺ ☹ | PRODUKTIVITÄT: _____ VON 5 | WASSERZUFUHR:

Notizen:

_____

_____

_____

_____

_____

_____

_____

_____

_____

_____

> *„Man kann niemanden überholen, wenn man in seine Fußstapfen tritt."*
>
> Francois Truffaut

Zielsetzung: WAS KANN DEN TAG HEUTE BESONDERS & GROSSARTIG MACHEN?

_____

_____

_____

_____

_____

_____

Selbstbekräftigung & Affirmationen: ICH BIN...

_____

_____

_____

_____

_____

_____

Dankbarkeit und Wertschätzung: ICH BIN DANKBAR FÜR...

_____

_____

_____

_____

_____

_____

_____

! Fokus.

DIE WICHTIGSTE AUFGABE FÜR HEUTE IST...   DAUER: _____   AUFGABE ERLEDIGT:

Zusätzliche 4 Tätigkeiten.· WEITERE WICHTIGE AUFGABEN FÜR HEUTE...

_____ _____

_____ _____

_____ _____

_____
                                                                  DAUER

Resümee
EINE TOLLE SACHE, DIE MIR HEUTE PASSIERT IST, FÜR DIE ICH DANKBAR BIN...

_____

_____

Learnings
WAS KANN ICH MORGEN ANDERS MACHEN, UM EIN STÜCK BESSER ZU WERDEN...

_____

_____

DER TAG WAR HEUTE: ☺ ☹ | PRODUKTIVITÄT: ____ VON 5 | WASSERZUFUHR:

Notizen: 🖊

_____

_____

_____

_____

_____

_____

_____

_____

_____

> *„Es ist nicht genug zu wissen – man muss auch anwenden.*
> *Es ist nicht genug zu wollen – man muss auch tun."*
>
> Johann Wolfang von Goethe

Zielsetzung: WAS KANN DEN TAG HEUTE BESONDERS & GROSSARTIG MACHEN?

_____

_____

_____

_____

_____

_____

Selbstbekräftigung & Affirmationen: ICH BIN...

_____

_____

_____

_____

_____

Dankbarkeit und Wertschätzung: ICH BIN DANKBAR FÜR...

_____

_____

_____

_____

_____

_____

! Fokus.

DIE WICHTIGSTE AUFGABE FÜR HEUTE IST...   DAUER: _____   AUFGABE ERLEDIGT:

Zusätzliche 4 Tätigkeiten. WEITERE WICHTIGE AUFGABEN FÜR HEUTE...

_____   _____

_____   _____

_____   _____

_____   _____

DAUER

Resümee
EINE TOLLE SACHE, DIE MIR HEUTE PASSIERT IST, FÜR DIE ICH DANKBAR BIN...

_____

_____

Learnings
WAS KANN ICH MORGEN ANDERS MACHEN, UM EIN STÜCK BESSER ZU WERDEN...

_____

_____

DER TAG WAR HEUTE: ☺ ☹ | PRODUKTIVITÄT: ____ VON 5 | WASSERZUFUHR:

Notizen: ✏️

_____

_____

_____

_____

_____

_____

_____

_____

_____

> *„Einfach machen. "*
>
> Alexander Pavel

Zielsetzung: WAS KANN DEN TAG HEUTE BESONDERS & GROSSARTIG MACHEN?

_____
_____
_____
_____
_____
_____
_____

Selbstbekräftigung & Affirmationen: ICH BIN...

_____
_____
_____
_____
_____
_____
_____

Dankbarkeit und Wertschätzung: ICH BIN DANKBAR FÜR...

_____
_____
_____
_____
_____
_____
_____
_____

! *Fokus.*

DIE WICHTIGSTE AUFGABE FÜR HEUTE IST...   DAUER: _____   AUFGABE ERLEDIGT:

Zusätzliche 4 Tätigkeiten: WEITERE WICHTIGE AUFGABEN FÜR HEUTE...

_____   _____

_____   _____

_____   _____

_____   _____

                                                                        DAUER

Resümee
EINE TOLLE SACHE, DIE MIR HEUTE PASSIERT IST, FÜR DIE ICH DANKBAR BIN...

_____

_____

Learnings
WAS KANN ICH MORGEN ANDERS MACHEN, UM EIN STÜCK BESSER ZU WERDEN...

_____

_____

DER TAG WAR HEUTE: ☺ ☹ | PRODUKTIVITÄT: ____ VON 5 | WASSERZUFUHR:

Notizen: 🖊

_____

_____

_____

_____

_____

_____

_____

_____

> *„Es ist sinnlos zu sagen: Wir tun unser Bestes.*
> *Es muss dir gelingen, das zu tun, was erforderlich ist."*
>
> Winston Churchill

Zielsetzung: WAS KANN DEN TAG HEUTE BESONDERS & GROSSARTIG MACHEN?

_____
_____
_____
_____
_____
_____
_____

Selbstbekräftigung & Affirmationen: ICH BIN...

_____
_____
_____
_____
_____
_____

Dankbarkeit und Wertschätzung: ICH BIN DANKBAR FÜR...

_____
_____
_____
_____
_____
_____
_____
_____

! *Fokus*

DIE WICHTIGSTE AUFGABE FÜR HEUTE IST...   DAUER: _____   AUFGABE ERLEDIGT:

Zusätzliche 4 Tätigkeiten: WEITERE WICHTIGE AUFGABEN FÜR HEUTE...

_____ _____

_____ _____

_____ _____

_____ _____

DAUER

Resümee
EINE TOLLE SACHE, DIE MIR HEUTE PASSIERT IST, FÜR DIE ICH DANKBAR BIN...

_____

_____

Learnings
WAS KANN ICH MORGEN ANDERS MACHEN, UM EIN STÜCK BESSER ZU WERDEN...

_____

_____

DER TAG WAR HEUTE: ☺ ☹ | PRODUKTIVITÄT: ____ VON 5 | WASSERZUFUHR:

Notizen: ✎

_____

_____

_____

_____

_____

_____

_____

_____

_____

_____

> *„Ich bin genauso stolz auf das, was wir nicht tun,*
> *wie auf das, was wir tun. „*
>
> Steve Jobs

Zielsetzung: WAS KANN DEN TAG HEUTE BESONDERS & GROSSARTIG MACHEN?

_____

_____

_____

_____

_____

_____

Selbstbekräftigung & Affirmationen: ICH BIN...

_____

_____

_____

_____

_____

Dankbarkeit und Wertschätzung: ICH BIN DANKBAR FÜR...

_____

_____

_____

_____

_____

_____

! *Fokus*.

DIE WICHTIGSTE AUFGABE FÜR HEUTE IST...   DAUER: _____   AUFGABE ERLEDIGT:

Zusätzliche 4 Tätigkeiten. WEITERE WICHTIGE AUFGABEN FÜR HEUTE...

_____ ___

_____ ___

_____ ___

_____ ___

DAUER

Resümee
EINE TOLLE SACHE, DIE MIR HEUTE PASSIERT IST, FÜR DIE ICH DANKBAR BIN...

_____

_____

Learnings
WAS KANN ICH MORGEN ANDERS MACHEN, UM EIN STÜCK BESSER ZU WERDEN...

_____

_____

DER TAG WAR HEUTE: ☺ ☹ | PRODUKTIVITÄT: ____ VON 5 | WASSERZUFUHR:

Notizen: ✎

_____

_____

_____

_____

_____

_____

_____

_____

_____

> *„Einen Vorsprung im Leben hat, wer da anpackt,*
> *wo die anderen erst einmal reden."*
> John F. Kennedy

Zielsetzung: WAS KANN DEN TAG HEUTE BESONDERS & GROSSARTIG MACHEN?

_____
_____
_____
_____
_____
_____

Selbstbekräftigung & Affirmationen: ICH BIN...

_____
_____
_____
_____
_____
_____

Dankbarkeit und Wertschätzung: ICH BIN DANKBAR FÜR...

_____
_____
_____
_____
_____
_____
_____

! *Fokus*.

DIE WICHTIGSTE AUFGABE FÜR HEUTE IST...   DAUER: _____   AUFGABE ERLEDIGT:

Zusätzliche 4 Tätigkeiten: WEITERE WICHTIGE AUFGABEN FÜR HEUTE...

_____   _____

_____   _____

_____   _____

_____   _____

DAUER

Resümee
EINE TOLLE SACHE, DIE MIR HEUTE PASSIERT IST, FÜR DIE ICH DANKBAR BIN...

_____

_____

Learnings
WAS KANN ICH MORGEN ANDERS MACHEN, UM EIN STÜCK BESSER ZU WERDEN...

_____

_____

DER TAG WAR HEUTE: ☺ ☹ | PRODUKTIVITÄT: ____ VON 5 | WASSERZUFUHR:

Notizen: ✏️

_____

_____

_____

_____

_____

_____

_____

_____

_____

> „Wenn Sie auf den Mond zielen, und Sie treffen ihn nicht,
> landen Sie noch immer bei den Sternen!"
>
> Henry Ford

Zielsetzung: WAS KANN DEN TAG HEUTE BESONDERS & GROSSARTIG MACHEN?

_____

_____

_____

_____

_____

_____

Selbstbekräftigung & Affirmationen: ICH BIN...

_____

_____

_____

_____

_____

_____

Dankbarkeit und Wertschätzung: ICH BIN DANKBAR FÜR...

_____

_____

_____

_____

_____

_____

_____

! *Fokus*.

DIE WICHTIGSTE AUFGABE FÜR HEUTE IST...   DAUER: _____   AUFGABE ERLEDIGT:

Zusätzliche 4 Tätigkeiten. WEITERE WICHTIGE AUFGABEN FÜR HEUTE...

_____ _____

_____ _____

_____ _____

_____ _____

DAUER

Resümee
EINE TOLLE SACHE, DIE MIR HEUTE PASSIERT IST, FÜR DIE ICH DANKBAR BIN...

_____

_____

Learnings
WAS KANN ICH MORGEN ANDERS MACHEN, UM EIN STÜCK BESSER ZU WERDEN...

_____

_____

DER TAG WAR HEUTE: ☺ ☹ | PRODUKTIVITÄT: ____ VON 5 | WASSERZUFUHR:

Notizen: ✐

_____

_____

_____

_____

_____

_____

_____

_____

_____

> *„Die Kunst ist, einmal mehr aufzustehen,*
> *als man umgeworfen wird."*
>
> Winston Churchill

Zielsetzung: WAS KANN DEN TAG HEUTE BESONDERS & GROSSARTIG MACHEN?

_____
_____
_____
_____
_____
_____

Selbstbekräftigung & Affirmationen: ICH BIN...

_____
_____
_____
_____
_____

Dankbarkeit und Wertschätzung: ICH BIN DANKBAR FÜR...

_____
_____
_____
_____
_____
_____

Fokus.

DIE WICHTIGSTE AUFGABE FÜR HEUTE IST...   DAUER: _____   AUFGABE ERLEDIGT:

Zusätzliche 4 Tätigkeiten. WEITERE WICHTIGE AUFGABEN FÜR HEUTE...

_____   _____

_____   _____

_____   _____

_____   _____

                                                              DAUER

Resümee
EINE TOLLE SACHE, DIE MIR HEUTE PASSIERT IST, FÜR DIE ICH DANKBAR BIN...

_____

_____

Learnings
WAS KANN ICH MORGEN ANDERS MACHEN, UM EIN STÜCK BESSER ZU WERDEN...

_____

_____

DER TAG WAR HEUTE: 🙂 🙁 | PRODUKTIVITÄT: ____ VON 5 | WASSERZUFUHR:

Notizen. ✏️

_____

_____

_____

_____

_____

_____

_____

_____

_____

„Unsere Fehlschläge sind oft erfolgreicher als unsere Erfolge."

Henry Ford

Zielsetzung: WAS KANN DEN TAG HEUTE BESONDERS & GROSSARTIG MACHEN?

_____

_____

_____

_____

_____

_____

Selbstbekräftigung & Affirmationen: ICH BIN...

_____

_____

_____

_____

_____

_____

Dankbarkeit und Wertschätzung: ICH BIN DANKBAR FÜR...

_____

_____

_____

_____

_____

_____

_____

! *Fokus*.

DIE WICHTIGSTE AUFGABE FÜR HEUTE IST...   DAUER: _____   AUFGABE ERLEDIGT:

Zusätzliche 4 Tätigkeiten: WEITERE WICHTIGE AUFGABEN FÜR HEUTE...

_____ _____

_____ _____

_____ _____

_____ _____

DAUER

Resümee
EINE TOLLE SACHE, DIE MIR HEUTE PASSIERT IST, FÜR DIE ICH DANKBAR BIN...

_____

_____

Learnings
WAS KANN ICH MORGEN ANDERS MACHEN, UM EIN STÜCK BESSER ZU WERDEN...

_____

_____

DER TAG WAR HEUTE: ☺ ☹ | PRODUKTIVITÄT: ____ VON 5 | WASSERZUFUHR:

Notizen: ✎

_____

_____

_____

_____

_____

_____

_____

_____

_____

> *„Es gibt mehr Leute, die kapitulieren, als solche, die scheitern."*
>
> Henry Ford

Zielsetzung: WAS KANN DEN TAG HEUTE BESONDERS & GROSSARTIG MACHEN?

_____
_____
_____
_____
_____
_____

Selbstbekräftigung & Affirmationen: ICH BIN...

_____
_____
_____
_____
_____

Dankbarkeit und Wertschätzung: ICH BIN DANKBAR FÜR...

_____
_____
_____
_____
_____
_____

) *Fokus*.

DIE WICHTIGSTE AUFGABE FÜR HEUTE IST...   DAUER: _____   AUFGABE ERLEDIGT:

Zusätzliche 4 Tätigkeiten: WEITERE WICHTIGE AUFGABEN FÜR HEUTE...

_____   _____

_____   _____

_____

_____

DAUER

Resümee
EINE TOLLE SACHE, DIE MIR HEUTE PASSIERT IST, FÜR DIE ICH DANKBAR BIN...

_____

_____

Learnings
WAS KANN ICH MORGEN ANDERS MACHEN, UM EIN STÜCK BESSER ZU WERDEN...

_____

_____

DER TAG WAR HEUTE: ☺ ☹ | PRODUKTIVITÄT: ____ VON 5 | WASSERZUFUHR:

Notizen: ✎

_____

_____

_____

_____

_____

_____

_____

_____

_____

_____

> *„Wer einen Fehler gemacht hat und ihn nicht korrigiert,*
> *begeht einen zweiten. "*
>
> Konfuzius

Zielsetzung: WAS KANN DEN TAG HEUTE BESONDERS & GROSSARTIG MACHEN?

_____

_____

_____

_____

_____

_____

Selbstbekräftigung & Affirmationen: ICH BIN...

_____

_____

_____

_____

_____

_____

Dankbarkeit und Wertschätzung: ICH BIN DANKBAR FÜR...

_____

_____

_____

_____

_____

_____

_____

! *Fokus*.

DIE WICHTIGSTE AUFGABE FÜR HEUTE IST...   DAUER: _____   AUFGABE ERLEDIGT:

Zusätzliche 4 Tätigkeiten. WEITERE WICHTIGE AUFGABEN FÜR HEUTE...

_____   _____

_____   _____

_____   _____

_____   _____

DAUER

Resümee
EINE TOLLE SACHE, DIE MIR HEUTE PASSIERT IST, FÜR DIE ICH DANKBAR BIN...

_____

_____

Learnings
WAS KANN ICH MORGEN ANDERS MACHEN, UM EIN STÜCK BESSER ZU WERDEN...

_____

_____

DER TAG WAR HEUTE: ☺ ☹ | PRODUKTIVITÄT: ____ VON 5 | WASSERZUFUHR:

Notizen: ✏

_____

_____

_____

_____

_____

_____

_____

_____

_____

> *„Ist man in kleinen Dingen nicht geduldig,*
> *bringt man die großen Vorhaben zum Scheitern."*
>
> Konfuzius

Zielsetzung: WAS KANN DEN TAG HEUTE BESONDERS & GROSSARTIG MACHEN?

_____

_____

_____

_____

_____

_____

Selbstbekräftigung & Affirmationen: ICH BIN...

_____

_____

_____

_____

_____

_____

Dankbarkeit und Wertschätzung: ICH BIN DANKBAR FÜR...

_____

_____

_____

_____

_____

_____

_____

☼ *Fokus*.

DIE WICHTIGSTE AUFGABE FÜR HEUTE IST...   DAUER: _____   AUFGABE ERLEDIGT:

Zusätzliche 4 Tätigkeiten: WEITERE WICHTIGE AUFGABEN FÜR HEUTE...

_____ ____

_____ ____

_____ ____

_____ ____

                                                                        DAUER

Resümee
EINE TOLLE SACHE, DIE MIR HEUTE PASSIERT IST, FÜR DIE ICH DANKBAR BIN...

_____

_____

Learnings
WAS KANN ICH MORGEN ANDERS MACHEN, UM EIN STÜCK BESSER ZU WERDEN...

_____

_____

DER TAG WAR HEUTE: ☺ ☹ | PRODUKTIVITÄT: ____ VON 5 | WASSERZUFUHR:

Notizen: ✏

_____

_____

_____

_____

_____

_____

_____

_____

_____

MO   DI   MI   DO   FR   SA   SO   ____ / _____ / ___
○   ○   ○   ○   ○   ○   ○

> *„Hindernisse und Schwierigkeiten sind Stufen,*
> *auf denen wir in die Höhe steigen. "*
>
> Friedrich Nietzsche

Zielsetzung: WAS KANN DEN TAG HEUTE BESONDERS & GROSSARTIG MACHEN?

_____

_____

_____

_____

_____

_____

Selbstbekräftigung & Affirmationen: ICH BIN...

_____

_____

_____

_____

_____

Dankbarkeit und Wertschätzung: ICH BIN DANKBAR FÜR...

_____

_____

_____

_____

_____

_____

) *Fokus*.

DIE WICHTIGSTE AUFGABE FÜR HEUTE IST...   DAUER: _____   AUFGABE ERLEDIGT:

Zusätzliche 4 Tätigkeiten: WEITERE WICHTIGE AUFGABEN FÜR HEUTE...

_____ _____

_____ _____

_____ _____

_____ _____

DAUER

Resümee
EINE TOLLE SACHE, DIE MIR HEUTE PASSIERT IST, FÜR DIE ICH DANKBAR BIN...

_____

_____

Learnings
WAS KANN ICH MORGEN ANDERS MACHEN, UM EIN STÜCK BESSER ZU WERDEN...

_____

_____

DER TAG WAR HEUTE: ☺ ☹ | PRODUKTIVITÄT: ____ VON 5 | WASSERZUFUHR:

Notizen: 🖊

_____

_____

_____

_____

_____

_____

_____

_____

_____

„Ein tiefer Fall führt oft zu höherm Glück. "

William Shakespeare

Zielsetzung: WAS KANN DEN TAG HEUTE BESONDERS & GROSSARTIG MACHEN?

_____
_____
_____
_____
_____
_____
_____

Selbstbekräftigung & Affirmationen: ICH BIN...

_____
_____
_____
_____
_____
_____

Dankbarkeit und Wertschätzung: ICH BIN DANKBAR FÜR...

_____
_____
_____
_____
_____
_____
_____

! *Fokus*.

DIE WICHTIGSTE AUFGABE FÜR HEUTE IST...   DAUER: _____   AUFGABE ERLEDIGT:

Zusätzliche 4 Tätigkeiten. WEITERE WICHTIGE AUFGABEN FÜR HEUTE...

_____ _____

_____ _____

_____ _____

_____ _____

DAUER

Resümee
EINE TOLLE SACHE, DIE MIR HEUTE PASSIERT IST, FÜR DIE ICH DANKBAR BIN...

_____

_____

Learnings
WAS KANN ICH MORGEN ANDERS MACHEN, UM EIN STÜCK BESSER ZU WERDEN...

_____

_____

DER TAG WAR HEUTE: ☺ ☹ | PRODUKTIVITÄT: ____ VON 5 | WASSERZUFUHR:

Notizen: ✎

_____

_____

_____

_____

_____

_____

_____

_____

_____

> „Wer aufhört, besser werden zu wollen, hört auf, gut zu sein."
>
> Marie von Ebner-Eschenbach

Zielsetzung: WAS KANN DEN TAG HEUTE BESONDERS & GROSSARTIG MACHEN?

_____
_____
_____
_____
_____
_____

Selbstbekräftigung & Affirmationen: ICH BIN...

_____
_____
_____
_____
_____
_____

Dankbarkeit und Wertschätzung: ICH BIN DANKBAR FÜR...

_____
_____
_____
_____
_____
_____
_____

! *Fokus*.

DIE WICHTIGSTE AUFGABE FÜR HEUTE IST...   DAUER: _____   AUFGABE ERLEDIGT:

Zusätzliche 4 Tätigkeiten: WEITERE WICHTIGE AUFGABEN FÜR HEUTE...

_____ _____

_____ _____

_____ _____

_____ _____

DAUER

Resümee
EINE TOLLE SACHE, DIE MIR HEUTE PASSIERT IST, FÜR DIE ICH DANKBAR BIN...

_____

_____

Learnings
WAS KANN ICH MORGEN ANDERS MACHEN, UM EIN STÜCK BESSER ZU WERDEN...

_____

_____

DER TAG WAR HEUTE: ☺ ☹ | PRODUKTIVITÄT: ____ VON 5 | WASSERZUFUHR:

Notizen: ✎

_____

_____

_____

_____

_____

_____

_____

_____

_____

> „Ob Du denkst, Du kannst es, oder Du kannst es nicht –
> in beiden Fällen hast Du Recht."
>
> Henry Ford

Zielsetzung. WAS KANN DEN TAG HEUTE BESONDERS & GROSSARTIG MACHEN?

_____

_____

_____

_____

_____

_____

Selbstbekräftigung & Affirmationen. ICH BIN...

_____

_____

_____

_____

_____

_____

Dankbarkeit und Wertschätzung. ICH BIN DANKBAR FÜR...

_____

_____

_____

_____

_____

_____

_____

) Fokus.

DIE WICHTIGSTE AUFGABE FÜR HEUTE IST...   DAUER: _____   AUFGABE ERLEDIGT:

Zusätzliche 4 Tätigkeiten: WEITERE WICHTIGE AUFGABEN FÜR HEUTE...

_____ _____

_____ _____

_____ _____

_____ _____

DAUER

Resümee
EINE TOLLE SACHE, DIE MIR HEUTE PASSIERT IST, FÜR DIE ICH DANKBAR BIN...

_____

_____

Learnings
WAS KANN ICH MORGEN ANDERS MACHEN, UM EIN STÜCK BESSER ZU WERDEN...

_____

_____

DER TAG WAR HEUTE: (☺) (☹) | PRODUKTIVITÄT: ____ VON 5 | WASSERZUFUHR:

Notizen: ✏

_____

_____

_____

_____

_____

_____

_____

_____

_____

> *„Ein Optimist findest immer einen Weg.*
> *Ein Pessimist findet immer eine Sackgasse. "*
>
> Napoleon Hill

Zielsetzung: WAS KANN DEN TAG HEUTE BESONDERS & GROSSARTIG MACHEN?

_____
_____
_____
_____
_____
_____

Selbstbekräftigung & Affirmationen: ICH BIN...

_____
_____
_____
_____
_____

Dankbarkeit und Wertschätzung: ICH BIN DANKBAR FÜR...

_____
_____
_____
_____
_____
_____

‽ *Fokus*.

DIE WICHTIGSTE AUFGABE FÜR HEUTE IST...   DAUER: _____   AUFGABE ERLEDIGT:

Zusätzliche 4 Tätigkeiten: WEITERE WICHTIGE AUFGABEN FÜR HEUTE...

_____ _____

_____ _____

_____ _____

_____ _____

DAUER

Resümee
EINE TOLLE SACHE, DIE MIR HEUTE PASSIERT IST, FÜR DIE ICH DANKBAR BIN...

_____

_____

Learnings
WAS KANN ICH MORGEN ANDERS MACHEN, UM EIN STÜCK BESSER ZU WERDEN...

_____

_____

DER TAG WAR HEUTE: ☺ ☹ | PRODUKTIVITÄT: ____ VON 5 | WASSERZUFUHR:

Notizen: 🖊

_____

_____

_____

_____

_____

_____

_____

_____

_____

> „Je mehr Vergnügen du an deiner Arbeit hast,
> umso besser wird sie bezahlt."
>
> Mark Twain

Zielsetzung: WAS KANN DEN TAG HEUTE BESONDERS & GROSSARTIG MACHEN?

_____

_____

_____

_____

_____

Selbstbekräftigung & Affirmationen: ICH BIN...

_____

_____

_____

_____

_____

Dankbarkeit und Wertschätzung: ICH BIN DANKBAR FÜR...

_____

_____

_____

_____

_____

! *Fokus*.

DIE WICHTIGSTE AUFGABE FÜR HEUTE IST...   DAUER: _____   AUFGABE ERLEDIGT:

Zusätzliche 4 Tätigkeiten: WEITERE WICHTIGE AUFGABEN FÜR HEUTE...

_____ _____

_____ _____

_____ _____

_____

DAUER

Resümee
EINE TOLLE SACHE, DIE MIR HEUTE PASSIERT IST, FÜR DIE ICH DANKBAR BIN...

Learnings
WAS KANN ICH MORGEN ANDERS MACHEN, UM EIN STÜCK BESSER ZU WERDEN...

DER TAG WAR HEUTE: ☺ ☹ | PRODUKTIVITÄT: ____ VON 5 | WASSERZUFUHR:

Notizen: ✏

> *„Ein Beruf ist das Rückgrat des Lebens."*
>
> Friedrich Nietzsche

Zielsetzung: WAS KANN DEN TAG HEUTE BESONDERS & GROSSARTIG MACHEN?

_____
_____
_____
_____
_____
_____

Selbstbekräftigung & Affirmationen: ICH BIN...

_____
_____
_____
_____
_____

Dankbarkeit und Wertschätzung: ICH BIN DANKBAR FÜR...

_____
_____
_____
_____
_____
_____

⟩ *Fokus*.

DIE WICHTIGSTE AUFGABE FÜR HEUTE IST...   DAUER: _____   AUFGABE ERLEDIGT:

Zusätzliche 4 Tätigkeiten: WEITERE WICHTIGE AUFGABEN FÜR HEUTE...

_____ _____

_____ _____

_____ _____

_____ _____

DAUER

Resümee
EINE TOLLE SACHE, DIE MIR HEUTE PASSIERT IST, FÜR DIE ICH DANKBAR BIN...

_____

_____

Learnings
WAS KANN ICH MORGEN ANDERS MACHEN, UM EIN STÜCK BESSER ZU WERDEN...

_____

_____

DER TAG WAR HEUTE: ☺ ☹ | PRODUKTIVITÄT: ____ VON 5 | WASSERZUFUHR:

Notizen: ✏

_____

_____

_____

_____

_____

_____

_____

_____

_____

> „Armut und Reichtum sind beides Schöpfungen des Glaubens."
>
> Napoleon Hill

Zielsetzung: WAS KANN DEN TAG HEUTE BESONDERS & GROSSARTIG MACHEN?

_____

_____

_____

_____

_____

_____

Selbstbekräftigung & Affirmationen: ICH BIN...

_____

_____

_____

_____

_____

_____

Dankbarkeit und Wertschätzung: ICH BIN DANKBAR FÜR...

_____

_____

_____

_____

_____

_____

_____

⟩ *Fokus*.

DIE WICHTIGSTE AUFGABE FÜR HEUTE IST...   DAUER: _____   AUFGABE ERLEDIGT:

Zusätzliche 4 Tätigkeiten: WEITERE WICHTIGE AUFGABEN FÜR HEUTE...

_____ _____

_____ _____

_____ _____

_____
                                                                    DAUER

Resümee
EINE TOLLE SACHE, DIE MIR HEUTE PASSIERT IST, FÜR DIE ICH DANKBAR BIN...

_____

_____

Learnings
WAS KANN ICH MORGEN ANDERS MACHEN, UM EIN STÜCK BESSER ZU WERDEN...

_____

_____

DER TAG WAR HEUTE: ☺ ☹ | PRODUKTIVITÄT: ____ VON 5 | WASSERZUFUHR:

Notizen: ✏️

_____

_____

_____

_____

_____

_____

_____

_____

_____

> *„Das Leben ist ein Spiel. Geld bedeutet wieviel Punkte wir haben"*
> Ted Turner

Zielsetzung: WAS KANN DEN TAG HEUTE BESONDERS & GROSSARTIG MACHEN?

_____
_____
_____
_____
_____
_____

Selbstbekräftigung & Affirmationen: ICH BIN...

_____
_____
_____
_____
_____
_____

Dankbarkeit und Wertschätzung: ICH BIN DANKBAR FÜR...

_____
_____
_____
_____
_____
_____
_____

! *Fokus*.

DIE WICHTIGSTE AUFGABE FÜR HEUTE IST...   DAUER: _____   AUFGABE ERLEDIGT:

Zusätzliche 4 Tätigkeiten: WEITERE WICHTIGE AUFGABEN FÜR HEUTE...

_____   _____

_____   _____

_____   _____

_____   _____

DAUER

Resümee
EINE TOLLE SACHE, DIE MIR HEUTE PASSIERT IST, FÜR DIE ICH DANKBAR BIN...

_____

_____

Learnings
WAS KANN ICH MORGEN ANDERS MACHEN, UM EIN STÜCK BESSER ZU WERDEN...

_____

_____

DER TAG WAR HEUTE: 🙂 🙁 | PRODUKTIVITÄT: ____ VON 5 | WASSERZUFUHR:

Notizen: ✏️

_____

_____

_____

_____

_____

_____

_____

_____

_____

> „Deine unzufriedensten Kunden sind deine größe Lernquelle."
>
> Bill Gates

Zielsetzung: WAS KANN DEN TAG HEUTE BESONDERS & GROSSARTIG MACHEN?

_____
_____
_____
_____
_____
_____

Selbstbekräftigung & Affirmationen: ICH BIN...

_____
_____
_____
_____
_____
_____

Dankbarkeit und Wertschätzung: ICH BIN DANKBAR FÜR...

_____
_____
_____
_____
_____
_____
_____

! *Fokus*.

DIE WICHTIGSTE AUFGABE FÜR HEUTE IST...   DAUER: _____   AUFGABE ERLEDIGT:

Zusätzliche 4 Tätigkeiten: WEITERE WICHTIGE AUFGABEN FÜR HEUTE...

_____   _____

_____   _____

_____

_____   _____
                                                                    DAUER

Resümee
EINE TOLLE SACHE, DIE MIR HEUTE PASSIERT IST, FÜR DIE ICH DANKBAR BIN...

_____

_____

Learnings
WAS KANN ICH MORGEN ANDERS MACHEN, UM EIN STÜCK BESSER ZU WERDEN...

_____

_____

DER TAG WAR HEUTE: (◡) (⌢) | PRODUKTIVITÄT: ____ VON 5 | WASSERZUFUHR:

Notizen: ✏️

_____

_____

_____

_____

_____

_____

_____

_____

_____

_____

„*Nenne dich nicht arm, weil deine Träume nicht in Erfüllung gegangen sind; wirklich arm ist nur, der nie geträumt hat.* "

Marie von Ebner-Eschenbach

Zielsetzung: WAS KANN DEN TAG HEUTE BESONDERS & GROSSARTIG MACHEN?

_____
_____
_____
_____
_____
_____
_____

Selbstbekräftigung & Affirmationen: ICH BIN...

_____
_____
_____
_____
_____
_____
_____

Dankbarkeit und Wertschätzung: ICH BIN DANKBAR FÜR...

_____
_____
_____
_____
_____
_____
_____

ꞏ Fokus.

DIE WICHTIGSTE AUFGABE FÜR HEUTE IST...   DAUER: _____   AUFGABE ERLEDIGT:

Zusätzliche 4 Tätigkeiten. WEITERE WICHTIGE AUFGABEN FÜR HEUTE...

_____ ____

_____ ____

_____ ____

_____ ____

DAUER

Resümee
EINE TOLLE SACHE, DIE MIR HEUTE PASSIERT IST, FÜR DIE ICH DANKBAR BIN...

_____

_____

Learnings
WAS KANN ICH MORGEN ANDERS MACHEN, UM EIN STÜCK BESSER ZU WERDEN...

_____

_____

DER TAG WAR HEUTE: ☺ ☹ | PRODUKTIVITÄT: ____ VON 5 | WASSERZUFUHR:

Notizen:

_____
_____
_____
_____
_____
_____
_____
_____
_____

> *„Was immer du tun kannst oder wovon du träumst –*
> *fange es an. In der Kühnheit liegt Genie, Macht und Magie. "*
> Johann Wolfgang von Goethe

Zielsetzung: WAS KANN DEN TAG HEUTE BESONDERS & GROSSARTIG MACHEN?

_____
_____
_____
_____
_____
_____

Selbstbekräftigung & Affirmationen: ICH BIN...

_____
_____
_____
_____
_____
_____

Dankbarkeit und Wertschätzung: ICH BIN DANKBAR FÜR...

_____
_____
_____
_____
_____
_____

Fokus

DIE WICHTIGSTE AUFGABE FÜR HEUTE IST...   DAUER: _____   AUFGABE ERLEDIGT:

Zusätzliche 4 Tätigkeiten: WEITERE WICHTIGE AUFGABEN FÜR HEUTE...

_____ _____

_____ _____

_____ _____

_____ _____

DAUER

Resümee
EINE TOLLE SACHE, DIE MIR HEUTE PASSIERT IST, FÜR DIE ICH DANKBAR BIN...

Learnings
WAS KANN ICH MORGEN ANDERS MACHEN, UM EIN STÜCK BESSER ZU WERDEN...

DER TAG WAR HEUTE: 😊 😐 | PRODUKTIVITÄT: ____ VON 5 | WASSERZUFUHR:

Notizen: ✏️

> *„Unsere Träume können wir erst dann verwirklichen,*
> *wenn wir uns entschließen, einmal daraus zu erwachen.,*
>
> Josephine Baker

Zielsetzung. WAS KANN DEN TAG HEUTE BESONDERS & GROSSARTIG MACHEN?

_____

_____

_____

_____

_____

_____

Selbstbekräftigung & Affirmationen. ICH BIN...

_____

_____

_____

_____

_____

_____

Dankbarkeit und Wertschätzung. ICH BIN DANKBAR FÜR...

_____

_____

_____

_____

_____

_____

_____

Fokus

DIE WICHTIGSTE AUFGABE FÜR HEUTE IST...   DAUER: _____   AUFGABE ERLEDIGT:

Zusätzliche 4 Tätigkeiten: WEITERE WICHTIGE AUFGABEN FÜR HEUTE...

_____ _____

_____ _____

_____ _____

_____ _____

DAUER

Resümee
EINE TOLLE SACHE, DIE MIR HEUTE PASSIERT IST, FÜR DIE ICH DANKBAR BIN...

_____

_____

Learnings
WAS KANN ICH MORGEN ANDERS MACHEN, UM EIN STÜCK BESSER ZU WERDEN...

_____

_____

DER TAG WAR HEUTE: 🙂 🙁 | PRODUKTIVITÄT: ____ VON 5 | WASSERZUFUHR:

Notizen: ✏️

_____

_____

_____

_____

_____

_____

_____

_____

_____

> *„Alle Träume können wahr werden, wenn wir den Mut haben,*
>
> *ihnen zu folgen."*
>
> Walt Disney

Zielsetzung: WAS KANN DEN TAG HEUTE BESONDERS & GROSSARTIG MACHEN?

_____

_____

_____

_____

_____

_____

Selbstbekräftigung & Affirmationen: ICH BIN...

_____

_____

_____

_____

_____

_____

Dankbarkeit und Wertschätzung: ICH BIN DANKBAR FÜR...

_____

_____

_____

_____

_____

_____

_____

▸ *Fokus*.

DIE WICHTIGSTE AUFGABE FÜR HEUTE IST...   DAUER: _____   AUFGABE ERLEDIGT:

Zusätzliche 4 Tätigkeiten: WEITERE WICHTIGE AUFGABEN FÜR HEUTE...

_____

_____

_____

_____
                                                                    DAUER

Resümee
EINE TOLLE SACHE, DIE MIR HEUTE PASSIERT IST, FÜR DIE ICH DANKBAR BIN...

_____

_____

Learnings
WAS KANN ICH MORGEN ANDERS MACHEN, UM EIN STÜCK BESSER ZU WERDEN...

_____

_____

DER TAG WAR HEUTE: ☺ ☹ | PRODUKTIVITÄT: _____ VON 5 | WASSERZUFUHR:

Notizen: ✏

_____

_____

_____

_____

_____

_____

_____

_____

_____

> *„Phantasie ist wichtiger als Wissen, denn Wissen ist begrenzt. "*
> Albert Einstein

Zielsetzung: WAS KANN DEN TAG HEUTE BESONDERS & GROSSARTIG MACHEN?

_____
_____
_____
_____
_____
_____

Selbstbekräftigung & Affirmationen: ICH BIN...

_____
_____
_____
_____
_____
_____

Dankbarkeit und Wertschätzung: ICH BIN DANKBAR FÜR...

_____
_____
_____
_____
_____
_____

! *Fokus.*

DIE WICHTIGSTE AUFGABE FÜR HEUTE IST...   DAUER: _____   AUFGABE ERLEDIGT:

Zusätzliche 4 Tätigkeiten: WEITERE WICHTIGE AUFGABEN FÜR HEUTE...

_____ _____

_____ _____

_____ _____

_____ _____

DAUER

Resümee
EINE TOLLE SACHE, DIE MIR HEUTE PASSIERT IST, FÜR DIE ICH DANKBAR BIN...

_____

_____

Learnings
WAS KANN ICH MORGEN ANDERS MACHEN, UM EIN STÜCK BESSER ZU WERDEN...

_____

_____

DER TAG WAR HEUTE: ☺ ☹ | PRODUKTIVITÄT: ____ VON 5 | WASSERZUFUHR:

Notizen: ✏

_____

_____

_____

_____

_____

_____

_____

_____

_____

> *„Was immer der menschliche Geist sich vorstellen und woran immer er glauben kann, das kann er auch vollbringen."*
>
> Napoleon Hill

Zielsetzung. WAS KANN DEN TAG HEUTE BESONDERS & GROSSARTIG MACHEN?

_____

_____

_____

_____

_____

_____

Selbstbekräftigung & Affirmationen. ICH BIN...

_____

_____

_____

_____

_____

Dankbarkeit und Wertschätzung. ICH BIN DANKBAR FÜR...

_____

_____

_____

_____

_____

_____

Fokus

DIE WICHTIGSTE AUFGABE FÜR HEUTE IST...   DAUER: _____   AUFGABE ERLEDIGT:

Zusätzliche 4 Tätigkeiten: WEITERE WICHTIGE AUFGABEN FÜR HEUTE...

_____ _____

_____ _____

_____ _____

_____ _____

DAUER

Resümee
EINE TOLLE SACHE, DIE MIR HEUTE PASSIERT IST, FÜR DIE ICH DANKBAR BIN...

_____

_____

Learnings
WAS KANN ICH MORGEN ANDERS MACHEN, UM EIN STÜCK BESSER ZU WERDEN...

_____

_____

DER TAG WAR HEUTE: ☺ ☹ | PRODUKTIVITÄT: ____ VON 5 | WASSERZUFUHR:

Notizen: ✏

_____

_____

_____

_____

_____

_____

_____

_____

> *„Wir leben alle unter dem gleichen Himmel,*
> *aber wir haben nicht alle den gleichen Horizont. "*
>
> Konrad Adenauer

Zielsetzung: WAS KANN DEN TAG HEUTE BESONDERS & GROSSARTIG MACHEN?

_____
_____
_____
_____
_____
_____
_____

Selbstbekräftigung & Affirmationen: ICH BIN...

_____
_____
_____
_____
_____
_____
_____

Dankbarkeit und Wertschätzung: ICH BIN DANKBAR FÜR...

_____
_____
_____
_____
_____
_____
_____
_____

! *Fokus*.

DIE WICHTIGSTE AUFGABE FÜR HEUTE IST...   DAUER: _____ AUFGABE ERLEDIGT:

Zusätzliche 4 Tätigkeiten. WEITERE WICHTIGE AUFGABEN FÜR HEUTE...

_____ _____

_____ _____

_____ _____

_____ _____

DAUER

Resümee
EINE TOLLE SACHE, DIE MIR HEUTE PASSIERT IST, FÜR DIE ICH DANKBAR BIN...

_____

_____

Learnings
WAS KANN ICH MORGEN ANDERS MACHEN, UM EIN STÜCK BESSER ZU WERDEN...

_____

_____

DER TAG WAR HEUTE: ☺ ☹ | PRODUKTIVITÄT: ____ VON 5 | WASSERZUFUHR:

Notizen: ✏️

_____

_____

_____

_____

_____

_____

_____

_____

_____

> *„Wir alle sterben. Das Ziel ist es nicht auf ewig zu leben,
> das Ziel ist etwas zu schaffen das es tut."*
>
> Chuck Palahniuk

Zielsetzung: WAS KANN DEN TAG HEUTE BESONDERS & GROSSARTIG MACHEN?

_____

_____

_____

_____

_____

_____

Selbstbekräftigung & Affirmationen: ICH BIN...

_____

_____

_____

_____

_____

_____

Dankbarkeit und Wertschätzung: ICH BIN DANKBAR FÜR...

_____

_____

_____

_____

_____

_____

_____

! *Fokus*.

DIE WICHTIGSTE AUFGABE FÜR HEUTE IST...   DAUER: _____   AUFGABE ERLEDIGT:

Zusätzliche 4 Tätigkeiten: WEITERE WICHTIGE AUFGABEN FÜR HEUTE...

_____ _____

_____ _____

_____

_____
                                                                              DAUER

Resümee
EINE TOLLE SACHE, DIE MIR HEUTE PASSIERT IST, FÜR DIE ICH DANKBAR BIN...

_____

_____

Learnings
WAS KANN ICH MORGEN ANDERS MACHEN, UM EIN STÜCK BESSER ZU WERDEN...

_____

_____

DER TAG WAR HEUTE: ☺ ☹ | PRODUKTIVITÄT: ____ VON 5 | WASSERZUFUHR:

Notizen: ✏

_____

_____

_____

_____

_____

_____

_____

_____

_____

MO   DI   MI   DO   FR   SA   SO
○   ○   ○   ○   ○   ○   ○   _____ / _____ / _____

„Nicht den Tod sollte man fürchten,
sondern dass man nie beginnen wird zu leben"
Marcus Aurelius

Zielsetzung: WAS KANN DEN TAG HEUTE BESONDERS & GROSSARTIG MACHEN?

_____
_____
_____
_____
_____
_____
_____

Selbstbekräftigung & Affirmationen: ICH BIN...

_____
_____
_____
_____
_____

Dankbarkeit und Wertschätzung: ICH BIN DANKBAR FÜR...

_____
_____
_____
_____
_____
_____

) *Fokus*.

DIE WICHTIGSTE AUFGABE FÜR HEUTE IST...   DAUER: _____   AUFGABE ERLEDIGT:

Zusätzliche 4 Tätigkeiten. WEITERE WICHTIGE AUFGABEN FÜR HEUTE...

_____ _____

_____ _____

_____ _____

_____ _____

DAUER

Resümee
EINE TOLLE SACHE, DIE MIR HEUTE PASSIERT IST, FÜR DIE ICH DANKBAR BIN...

Learnings
WAS KANN ICH MORGEN ANDERS MACHEN, UM EIN STÜCK BESSER ZU WERDEN...

DER TAG WAR HEUTE: ☺ ☹ | PRODUKTIVITÄT: ____ VON 5 | WASSERZUFUHR:

Notizen. 🖉

> „Um Erfolg zu haben, brauchst du nur eine einzige Chance."
>
> Jesse Owens

Zielsetzung: WAS KANN DEN TAG HEUTE BESONDERS & GROSSARTIG MACHEN?

_____
_____
_____
_____
_____
_____
_____

Selbstbekräftigung & Affirmationen: ICH BIN...

_____
_____
_____
_____
_____
_____

Dankbarkeit und Wertschätzung: ICH BIN DANKBAR FÜR...

_____
_____
_____
_____
_____
_____
_____

! *Fokus.*

DIE WICHTIGSTE AUFGABE FÜR HEUTE IST...   DAUER: _____   AUFGABE ERLEDIGT:

Zusätzliche 4 Tätigkeiten. WEITERE WICHTIGE AUFGABEN FÜR HEUTE...

_____ _____

_____ _____

_____ _____

_____ _____

DAUER

Resümee
EINE TOLLE SACHE, DIE MIR HEUTE PASSIERT IST, FÜR DIE ICH DANKBAR BIN...

Learnings
WAS KANN ICH MORGEN ANDERS MACHEN, UM EIN STÜCK BESSER ZU WERDEN...

DER TAG WAR HEUTE: ☺ ☹ | PRODUKTIVITÄT: ____ VON 5 | WASSERZUFUHR:

Notizen: ✏

> „Große Ergebnisse erfordern großen Ehrgeiz"
> Heraklit

Zielsetzung: WAS KANN DEN TAG HEUTE BESONDERS & GROSSARTIG MACHEN?

_____
_____
_____
_____
_____
_____
_____

Selbstbekräftigung & Affirmationen: ICH BIN...

_____
_____
_____
_____
_____
_____
_____

Dankbarkeit und Wertschätzung: ICH BIN DANKBAR FÜR...

_____
_____
_____
_____
_____
_____
_____

! *Fokus*.

DIE WICHTIGSTE AUFGABE FÜR HEUTE IST...   DAUER: _____   AUFGABE ERLEDIGT:

Zusätzliche 4 Tätigkeiten: WEITERE WICHTIGE AUFGABEN FÜR HEUTE...

_____ _____

_____ _____

_____ _____

_____ _____

DAUER

Resümee
EINE TOLLE SACHE, DIE MIR HEUTE PASSIERT IST, FÜR DIE ICH DANKBAR BIN...

_____

_____

Learnings
WAS KANN ICH MORGEN ANDERS MACHEN, UM EIN STÜCK BESSER ZU WERDEN...

_____

_____

DER TAG WAR HEUTE: ☺ ☹ | PRODUKTIVITÄT: ____ VON 5 | WASSERZUFUHR:

Notizen: 🖊

_____

_____

_____

_____

_____

_____

_____

_____

_____

> *„In jede hohe Freude mischt sich eine Empfindung der Dankbarkeit."*
>
> Marie von Ebner-Eschenbach

Zielsetzung: WAS KANN DEN TAG HEUTE BESONDERS & GROSSARTIG MACHEN?

_____

_____

_____

_____

_____

_____

Selbstbekräftigung & Affirmationen: ICH BIN...

_____

_____

_____

_____

_____

Dankbarkeit und Wertschätzung: ICH BIN DANKBAR FÜR...

_____

_____

_____

_____

_____

_____

☾ Fokus.

DIE WICHTIGSTE AUFGABE FÜR HEUTE IST...   DAUER: _____   AUFGABE ERLEDIGT:

Zusätzliche 4 Tätigkeiten: WEITERE WICHTIGE AUFGABEN FÜR HEUTE...

_____ _____

_____ _____

_____ _____

_____ _____

DAUER

Resümee
EINE TOLLE SACHE, DIE MIR HEUTE PASSIERT IST, FÜR DIE ICH DANKBAR BIN...

_____

_____

Learnings
WAS KANN ICH MORGEN ANDERS MACHEN, UM EIN STÜCK BESSER ZU WERDEN...

_____

_____

DER TAG WAR HEUTE: ☺ ☹ | PRODUKTIVITÄT: ____ VON 5 | WASSERZUFUHR:

Notizen: ✏

_____

_____

_____

_____

_____

_____

_____

_____

_____

_____

> „Freude ist die einfachste Form der Dankbarkeit."
>
> Karl Barth

Zielsetzung: WAS KANN DEN TAG HEUTE BESONDERS & GROSSARTIG MACHEN?

_____

_____

_____

_____

_____

_____

Selbstbekräftigung & Affirmationen: ICH BIN...

_____

_____

_____

_____

_____

Dankbarkeit und Wertschätzung: ICH BIN DANKBAR FÜR...

_____

_____

_____

_____

_____

_____

﹥ *Fokus*.

DIE WICHTIGSTE AUFGABE FÜR HEUTE IST...   DAUER: _____   AUFGABE ERLEDIGT:

Zusätzliche 4 Tätigkeiten. WEITERE WICHTIGE AUFGABEN FÜR HEUTE...

_____ _____

_____ _____

_____ _____

_____ _____

DAUER

Resümee
EINE TOLLE SACHE, DIE MIR HEUTE PASSIERT IST, FÜR DIE ICH DANKBAR BIN...

_____

_____

Learnings
WAS KANN ICH MORGEN ANDERS MACHEN, UM EIN STÜCK BESSER ZU WERDEN...

_____

_____

DER TAG WAR HEUTE: ☺ ☹ | PRODUKTIVITÄT: ____ VON 5 | WASSERZUFUHR:

Notizen: ✏️

_____

_____

_____

_____

_____

_____

_____

_____

_____

„Dankbarkeit ist manchmal ein Band, oft aber eine Fessel.

Johann Wolfgang von Goethe

Zielsetzung: WAS KANN DEN TAG HEUTE BESONDERS & GROSSARTIG MACHEN?

_____

_____

_____

_____

_____

_____

Selbstbekräftigung & Affirmationen: ICH BIN...

_____

_____

_____

_____

_____

_____

Dankbarkeit und Wertschätzung: ICH BIN DANKBAR FÜR...

_____

_____

_____

_____

_____

_____

_____

! *Fokus*.

DIE WICHTIGSTE AUFGABE FÜR HEUTE IST...   DAUER: _____   AUFGABE ERLEDIGT:

Zusätzliche 4 Tätigkeiten: WEITERE WICHTIGE AUFGABEN FÜR HEUTE...

_____   _____

_____   _____

_____   _____

_____   _____

DAUER

Resümee
EINE TOLLE SACHE, DIE MIR HEUTE PASSIERT IST, FÜR DIE ICH DANKBAR BIN...

_____

_____

Learnings
WAS KANN ICH MORGEN ANDERS MACHEN, UM EIN STÜCK BESSER ZU WERDEN...

_____

_____

DER TAG WAR HEUTE: ☺ ☹ | PRODUKTIVITÄT: ____ VON 5 | WASSERZUFUHR:

Notizen: ✎

_____

_____

_____

_____

_____

_____

_____

_____

_____

_____

> *„Nicht die Glücklichen sind dankbar.*
> *Es sind die Dankbaren, die glücklich sind.“*
>
> Fancis Bacon

Zielsetzung: WAS KANN DEN TAG HEUTE BESONDERS & GROSSARTIG MACHEN?

_____
_____
_____
_____
_____
_____

Selbstbekräftigung & Affirmationen: ICH BIN...

_____
_____
_____
_____
_____
_____

Dankbarkeit und Wertschätzung: ICH BIN DANKBAR FÜR...

_____
_____
_____
_____
_____
_____
_____

Fokus

DIE WICHTIGSTE AUFGABE FÜR HEUTE IST...   DAUER: _____   AUFGABE ERLEDIGT:

Zusätzliche 4 Tätigkeiten: WEITERE WICHTIGE AUFGABEN FÜR HEUTE...

_____ _____

_____ _____

_____ _____

_____ _____

DAUER

Resümee
EINE TOLLE SACHE, DIE MIR HEUTE PASSIERT IST, FÜR DIE ICH DANKBAR BIN...

Learnings
WAS KANN ICH MORGEN ANDERS MACHEN, UM EIN STÜCK BESSER ZU WERDEN...

DER TAG WAR HEUTE: ☺ ☹ | PRODUKTIVITÄT: ____ VON 5 | WASSERZUFUHR:

Notizen:

> *„Dankbare Menschen sind wie fruchtbare Felder.*
> *Sie geben das Empfangene zehnfach zurück. "*
> August von Kotzebue

Zielsetzung: WAS KANN DEN TAG HEUTE BESONDERS & GROSSARTIG MACHEN?

_____

_____

_____

_____

_____

_____

Selbstbekräftigung & Affirmationen: ICH BIN...

_____

_____

_____

_____

_____

Dankbarkeit und Wertschätzung: ICH BIN DANKBAR FÜR...

_____

_____

_____

_____

_____

_____

_____

! *Fokus*.

DIE WICHTIGSTE AUFGABE FÜR HEUTE IST...   DAUER: _____   AUFGABE ERLEDIGT:

Zusätzliche 4 Tätigkeiten. WEITERE WICHTIGE AUFGABEN FÜR HEUTE...

_____ _____

_____ _____

_____ _____

_____ _____

DAUER

Resümee
EINE TOLLE SACHE, DIE MIR HEUTE PASSIERT IST, FÜR DIE ICH DANKBAR BIN...

_____

_____

Learnings
WAS KANN ICH MORGEN ANDERS MACHEN, UM EIN STÜCK BESSER ZU WERDEN...

_____

_____

DER TAG WAR HEUTE: ☺ ☹ | PRODUKTIVITÄT: ____ VON 5 | WASSERZUFUHR:

Notizen: ✏

_____

_____

_____

_____

_____

_____

_____

_____

_____

> „Ich möchte noch heute den Totenschädel des Mannes streicheln,
> der die Ferien erfunden hat. "
>
> Jean Paul

Zielsetzung: WAS KANN DEN TAG HEUTE BESONDERS & GROSSARTIG MACHEN?

_____
_____
_____
_____
_____
_____

Selbstbekräftigung & Affirmationen: ICH BIN...

_____
_____
_____
_____
_____
_____

Dankbarkeit und Wertschätzung: ICH BIN DANKBAR FÜR...

_____
_____
_____
_____
_____
_____

! *Fokus*.

DIE WICHTIGSTE AUFGABE FÜR HEUTE IST...   DAUER: _____   AUFGABE ERLEDIGT:

Zusätzliche 4 Tätigkeiten: WEITERE WICHTIGE AUFGABEN FÜR HEUTE...

_____   _____

_____   _____

_____   _____

_____

DAUER

Resümee
EINE TOLLE SACHE, DIE MIR HEUTE PASSIERT IST, FÜR DIE ICH DANKBAR BIN...

_____

_____

Learnings
WAS KANN ICH MORGEN ANDERS MACHEN, UM EIN STÜCK BESSER ZU WERDEN...

_____

_____

DER TAG WAR HEUTE: ☺ ☹ | PRODUKTIVITÄT: ____ VON 5 | WASSERZUFUHR:

Notizen: ✏

_____

_____

_____

_____

_____

_____

_____

_____

_____

> „Keine Schuld ist dringender, als die, Dank zu sagen."
>
> Marcus Tullius Cicero

Zielsetzung: WAS KANN DEN TAG HEUTE BESONDERS & GROSSARTIG MACHEN?

_____
_____
_____
_____
_____
_____

Selbstbekräftigung & Affirmationen: ICH BIN...

_____
_____
_____
_____
_____

Dankbarkeit und Wertschätzung: ICH BIN DANKBAR FÜR...

_____
_____
_____
_____
_____
_____

) *Fokus*.

DIE WICHTIGSTE AUFGABE FÜR HEUTE IST...   DAUER: _____   AUFGABE ERLEDIGT:

Zusätzliche 4 Tätigkeiten: WEITERE WICHTIGE AUFGABEN FÜR HEUTE...

_____ _____

_____ _____

_____ _____

_____ _____

DAUER

Resümee
EINE TOLLE SACHE, DIE MIR HEUTE PASSIERT IST, FÜR DIE ICH DANKBAR BIN...

_____

_____

Learnings
WAS KANN ICH MORGEN ANDERS MACHEN, UM EIN STÜCK BESSER ZU WERDEN...

_____

_____

DER TAG WAR HEUTE: ☺ ☹ | PRODUKTIVITÄT: ____ VON 5 | WASSERZUFUHR:

Notizen: ✏️

_____

_____

_____

_____

_____

_____

_____

_____

_____

> *„Man trägt viel im Herzen, was man nie*
> *einem anderen Menschen mitteilen kann."*
>
> Greta Garbo

Zielsetzung: WAS KANN DEN TAG HEUTE BESONDERS & GROSSARTIG MACHEN?

_____
_____
_____
_____
_____
_____
_____

Selbstbekräftigung & Affirmationen: ICH BIN...

_____
_____
_____
_____
_____
_____

Dankbarkeit und Wertschätzung: ICH BIN DANKBAR FÜR...

_____
_____
_____
_____
_____
_____
_____

! *Fokus*.

DIE WICHTIGSTE AUFGABE FÜR HEUTE IST...   DAUER: _____   AUFGABE ERLEDIGT:

Zusätzliche 4 Tätigkeiten. WEITERE WICHTIGE AUFGABEN FÜR HEUTE...

_____ _____

_____ _____

_____ _____

_____ _____

DAUER

Resümee
EINE TOLLE SACHE, DIE MIR HEUTE PASSIERT IST, FÜR DIE ICH DANKBAR BIN...

_____

_____

Learnings
WAS KANN ICH MORGEN ANDERS MACHEN, UM EIN STÜCK BESSER ZU WERDEN...

_____

_____

DER TAG WAR HEUTE: 😊 😕 | PRODUKTIVITÄT: _____ VON 5 | WASSERZUFUHR:

Notizen: 🖊

_____

_____

_____

_____

_____

_____

_____

_____

_____

> „Wer nicht zufrieden ist mit dem, was er hat, der wäre auch nicht
> zufrieden mit dem, was er haben möchte."
>
> Berthold Auerbach

Zielsetzung: WAS KANN DEN TAG HEUTE BESONDERS & GROSSARTIG MACHEN?

_____

_____

_____

_____

_____

_____

Selbstbekräftigung & Affirmationen: ICH BIN...

_____

_____

_____

_____

_____

_____

Dankbarkeit und Wertschätzung: ICH BIN DANKBAR FÜR...

_____

_____

_____

_____

_____

_____

_____

! Fokus.

DIE WICHTIGSTE AUFGABE FÜR HEUTE IST...   DAUER: _____   AUFGABE ERLEDIGT:

Zusätzliche 4 Tätigkeiten: WEITERE WICHTIGE AUFGABEN FÜR HEUTE...

_____   _____

_____   _____

_____   _____

_____   _____

DAUER

Resümee
EINE TOLLE SACHE, DIE MIR HEUTE PASSIERT IST, FÜR DIE ICH DANKBAR BIN...

_____

_____

Learnings
WAS KANN ICH MORGEN ANDERS MACHEN, UM EIN STÜCK BESSER ZU WERDEN...

_____

_____

DER TAG WAR HEUTE: ☺ ☹ | PRODUKTIVITÄT: ____ VON 5 | WASSERZUFUHR:

Notizen: ✏️

_____

_____

_____

_____

_____

_____

_____

_____

_____

MO DI MI DO FR SA SO   ___ / _____ / ___
○   ○   ○   ○   ○   ○   ○

„Die Tiere empfinden wie der Mensch Freude und Schmerz,
Glück und Unglück.

Charles Darwin

Zielsetzung: WAS KANN DEN TAG HEUTE BESONDERS & GROSSARTIG MACHEN?

_____

_____

_____

_____

_____

_____

Selbstbekräftigung & Affirmationen: ICH BIN...

_____

_____

_____

_____

_____

Dankbarkeit und Wertschätzung: ICH BIN DANKBAR FÜR...

_____

_____

_____

_____

_____

_____

! *Fokus*.

DIE WICHTIGSTE AUFGABE FÜR HEUTE IST...   DAUER: _____   AUFGABE ERLEDIGT:

Zusätzliche 4 Tätigkeiten: WEITERE WICHTIGE AUFGABEN FÜR HEUTE...

_____ _____

_____ _____

_____ _____

_____ _____

DAUER

Resümee
EINE TOLLE SACHE, DIE MIR HEUTE PASSIERT IST, FÜR DIE ICH DANKBAR BIN...

_____

_____

Learnings
WAS KANN ICH MORGEN ANDERS MACHEN, UM EIN STÜCK BESSER ZU WERDEN...

_____

_____

DER TAG WAR HEUTE: ☺ ☹ | PRODUKTIVITÄT: ____ VON 5 | WASSERZUFUHR:

Notizen: 🖊

_____

_____

_____

_____

_____

_____

_____

_____

_____

> „Jeder von uns hat nur ein Leben."
>
> Marcus Aurelius

Zielsetzung: WAS KANN DEN TAG HEUTE BESONDERS & GROSSARTIG MACHEN?

_____

_____

_____

_____

_____

_____

Selbstbekräftigung & Affirmationen: ICH BIN...

_____

_____

_____

_____

_____

_____

Dankbarkeit und Wertschätzung: ICH BIN DANKBAR FÜR...

_____

_____

_____

_____

_____

_____

_____

⟩ *Fokus*.

DIE WICHTIGSTE AUFGABE FÜR HEUTE IST...   DAUER: _____   AUFGABE ERLEDIGT:

Zusätzliche 4 Tätigkeiten. WEITERE WICHTIGE AUFGABEN FÜR HEUTE...

_____ _____

_____ _____

_____ _____

_____ _____

DAUER

Resümee
EINE TOLLE SACHE, DIE MIR HEUTE PASSIERT IST, FÜR DIE ICH DANKBAR BIN...

_____

_____

Learnings
WAS KANN ICH MORGEN ANDERS MACHEN, UM EIN STÜCK BESSER ZU WERDEN...

_____

_____

DER TAG WAR HEUTE: ☺ ☹ | PRODUKTIVITÄT: ____ VON 5 | WASSERZUFUHR:

Notizen: ✏️

_____

_____

_____

_____

_____

_____

_____

_____

_____

> *„Wir sind für nichts so dankbar wie für Dankbarkeit. "*
>
> Marie von Ebner-Eschenbach

Zielsetzung: WAS KANN DEN TAG HEUTE BESONDERS & GROSSARTIG MACHEN?

_____

_____

_____

_____

_____

_____

Selbstbekräftigung & Affirmationen: ICH BIN...

_____

_____

_____

_____

_____

Dankbarkeit und Wertschätzung: ICH BIN DANKBAR FÜR...

_____

_____

_____

_____

_____

_____

! Fokus.

DIE WICHTIGSTE AUFGABE FÜR HEUTE IST...   DAUER: _____   AUFGABE ERLEDIGT:

Zusätzliche 4 Tätigkeiten: WEITERE WICHTIGE AUFGABEN FÜR HEUTE...

_____ _____

_____ _____

_____ _____

_____ _____

DAUER

Resümee
EINE TOLLE SACHE, DIE MIR HEUTE PASSIERT IST, FÜR DIE ICH DANKBAR BIN...

_____

_____

Learnings
WAS KANN ICH MORGEN ANDERS MACHEN, UM EIN STÜCK BESSER ZU WERDEN...

_____

_____

DER TAG WAR HEUTE: (⌣) (⌢) | PRODUKTIVITÄT: ____ VON 5 | WASSERZUFUHR:

Notizen:

_____

_____

_____

_____

_____

_____

_____

_____

_____

> *„Was du liebst, lass frei. Kommt es zurück,*
> *gehört es dir – für immer. "*
>
> Konfuzius

Zielsetzung: WAS KANN DEN TAG HEUTE BESONDERS & GROSSARTIG MACHEN?

_____

_____

_____

_____

_____

_____

Selbstbekräftigung & Affirmationen: ICH BIN...

_____

_____

_____

_____

_____

_____

Dankbarkeit und Wertschätzung: ICH BIN DANKBAR FÜR...

_____

_____

_____

_____

_____

_____

⟩ *Fokus*

DIE WICHTIGSTE AUFGABE FÜR HEUTE IST...   DAUER: _____   AUFGABE ERLEDIGT:

Zusätzliche 4 Tätigkeiten: WEITERE WICHTIGE AUFGABEN FÜR HEUTE...

_____   _____

_____   _____

_____   _____

_____   _____

DAUER

Resümee
EINE TOLLE SACHE, DIE MIR HEUTE PASSIERT IST, FÜR DIE ICH DANKBAR BIN...

_____

_____

Learnings
WAS KANN ICH MORGEN ANDERS MACHEN, UM EIN STÜCK BESSER ZU WERDEN...

_____

_____

DER TAG WAR HEUTE: ☺ ☹ | PRODUKTIVITÄT: ____ VON 5 | WASSERZUFUHR:

Notizen: ✏

_____

_____

_____

_____

_____

_____

_____

_____

_____

„*Liebe ist nicht das was man erwartet zu bekommen,*
sondern das was man bereit ist zu geben."

Katharine Hepburn

Zielsetzung: WAS KANN DEN TAG HEUTE BESONDERS & GROSSARTIG MACHEN?

_____

_____

_____

_____

_____

_____

Selbstbekräftigung & Affirmationen: ICH BIN...

_____

_____

_____

_____

_____

_____

Dankbarkeit und Wertschätzung: ICH BIN DANKBAR FÜR...

_____

_____

_____

_____

_____

_____

! *Fokus*.

DIE WICHTIGSTE AUFGABE FÜR HEUTE IST...   DAUER: _____   AUFGABE ERLEDIGT:

Zusätzliche 4 Tätigkeiten: WEITERE WICHTIGE AUFGABEN FÜR HEUTE...

_____ _____

_____ _____

_____ _____

_____ _____

DAUER

Resümee
EINE TOLLE SACHE, DIE MIR HEUTE PASSIERT IST, FÜR DIE ICH DANKBAR BIN...

Learnings
WAS KANN ICH MORGEN ANDERS MACHEN, UM EIN STÜCK BESSER ZU WERDEN...

DER TAG WAR HEUTE: ☺ ☹ | PRODUKTIVITÄT: ____ VON 5 | WASSERZUFUHR:

Notizen: 🖊

© 2018 by Mertens Verlagsgruppe, Mertens Ventrues Ltd.
Tefkrou Anthia No 2, Office 301, 6045 Larnaca, Cyprus
All rights reserved. No part of this publication may be reproduced,
distributed, or transmitted in any form or by any means, including
photocopying, recording, or other electronic or mechanical methods,
without the prior written permission of the publisher, except in the
case of brief quotations embodied in critical reviews and certain
other noncommercial uses permitted by copyright law.

E-Mail: kontakt@mertens-publication.de